仕事は「ファイリング」で決まる

書類は、ムリなく・ムダなく「しまって」「取り出す」

ぱる出版

はじめに

通勤時間も含めて、1日の大半を仕事に関わって過ごす。それが人生盛りの数十年を占めるのである。日々の仕事を充実させ、自分の能力を活かして社会貢献をしたいと願う気持ちは、誰の胸中にもあるはずだ。で、実際のところはどうだろう。

忙しい仕事のかたわら、こんな思いを募らせてはいないだろうか。もっと快適な仕事場がほしい、時間的余裕がほしい、能力を発揮したい、やり甲斐のある仕事がしたい…。

そんな願望をまとめてかなえてくれる方法、それがファイリングなのだ。

ファイリングとは、書類（情報）管理の手法だが、単なる書類の片づけではない。職場環境を快適にし、効率を上げるのはもちろん、さらに自己の能力を引き出し、仕事を創造する活力源となる。それこそがファイリングの目的である。本書では、仕事の活力源となるファイリング構築を目指して、ノウハウを紹介している。

まず1章では、主なファイリング用品をあげて、使い勝手や活用のコツを紹介。そして2章以下で、ファイリングによる情報管理と仕事への活用の要点を述べている。

ファイリングで情報を味方につけ、自己の能力を引き出し、仕事を創造する――。そのために、本書を役立てていただければ幸せだ。

仕事は「ファイリング」で決まる　もくじ

序章

必ずファイリング上手になれる

1

「道具の活用」でファイリングはこんなに進む！

2 情報の「分類と検索」はファイリングの命！

3 ファイリングで「情報収集」の効果を上げる！

4 情報の「保管と処分」をシステム化する！

5 ファイリングの「情報分析」を仕事に活かす!

本文デザイン・図版作成・DTP:タイプフェイス

序章

1 こんな場合はファイリングが必要だ

「目の前の仕事」を進めるためにファイリングが必要

情報の整理（すなわちファイリング）が必要なことは、誰しも承知しているのだが、まずは目の前の仕事を片づけることが優先なので、ついつい後回しになる。「何とかしたい」とは思いつつ、なかなかその暇がない。そんなジレンマの中で仕事をしている人が多いのではないだろうか。

しかしこうした考えには誤解がある。つまりファイリングとは、決して「目の前の仕事」と別のものではないのだ。むしろ「目の前の仕事」を進めるために、ファイリングが必要なのであって、その結果、次の仕事の展開も見えてくるのである。

そこで、すぐにでもファイリングに取り組む必要のある事例を、いくつか挙げてみよう。いずれもよくある職場の光景だと思う。

▼事例① オフィスが狭くてストレスがたまる　総務部に配属されたAさん。仕事に意欲は感じているのだが、狭いオフィスで、ひねもす書類の山に囲まれていると、つくづくストレスがたまる。肩は凝るし、目がかすんで書類やパソコンの画面がぼやけてくるし、思わずため息が出てしまう毎日だ。

上司は常々「仕事が遅い」と部下たちを叱咤しているが、「それはオフィスの環境が悪いせいだ」と、Aさんは思っている。1日中机やパソコンに向かっていれば疲れもたまる。そんな時に気分転換できる空間があれば…。そのためにはこのオフィスでは狭すぎる。もっと広いオフィスに移れば、仕事の能率だっておのずと上がるはず。そう思うと、Aさんのため息の数はさらに増えるのだ。

▼事例② 忙しすぎて失敗が多い

「すみません。この件につきましては改めてお伺いいたします」。うっかり資料の一部を忘れてきた手違いを、持ち前の明るい笑顔でフォローしたBさんは、慌てて取引先を出た。すでにお昼を過ぎている。1時から社内で会議があるので、すぐに戻らなければ…。ゆっくりと昼食をとる暇もない。

コンビニでおにぎりを買って戻り、事前に配られている会議資料に目を通しながら食べようと思ったが、引き出しに入れておいたはずの資料がない。机の上の書類の山をあちこち崩してみるが、見当たらない。仕方がないので、同僚から借りてコピーして間に合わせたが、目を通す暇もなく、おにぎりもお預けで会議に入った。

しばらくすると内線で、来訪者があると告げてくる。うっかり外注先の担当者と会う約束を入れてしまっていたのだ。「しまった」と舌打ちしつつ、会議を抜け出して担当者と会い、資料を受け取ると話もそこそこに「詳しい話はまた改めて…」と切り上げた。会議に戻ると、議事はほとんど終わっていた。議事録は、社内メールで各位に送るということだったので、それを読んで確認しよう。「あ、しまった」。今日はまだメールチェックをしていなかった。昨日チェックした中にも返事が必要なメールがあったのに、確認すべき書類が見つからなくて、後回しにしていたんだっけ…。考えてみると、1日中「しまった」と「すみません」ばかり言っている。それというのも人手が足りなくて、忙しすぎるせいだ。もっと落ち着いてじっくり仕事がしたい。Bさんの帰宅は今日も午前様になりそうだ。

▼事例③　まじめタイプでアイデアが浮かばない　Cさんは入社5年目で係長になった。部下は10名足らずだが、中間管理職として部課長会議の末席にも連なる。「若い管理職の創造力に期待する」と社長からも励まされ、大いに奮起。しかしその意気込みも、ほどなくしぼんでしまった。

それまでは自分の仕事さえきっちりしていればよかったのに、今は部下の仕事まで把握しなければならないし、仕事の成果が上がらないと「何とかしろ」と上司からハッパをかけられる。そんなことを言われても、何をどうすればいいのだろう。さらに企画会議では「いい戦略はないか、アイデアを出せ」と迫られるが、まじめ一方のCさんは「斬新な発想」というのが苦手なのだ。部下の把握は手に余るし、アイデアは浮かばないし、つくづく自分は創造的な仕事に向かないと、すっかり落ち込んでいる。

＊

こうした事例は、一見ファイリングと関係ないようだが、実はいずれの場合も、解決の鍵はファイリングにある。今すぐファイリングに取り組んでほしい状況なのだ。

ファイリングが必要な状況

空間利用の非効率

- オフィスの空間が狭い
- オフィスが雑然としていて暗い
- 物が置いてあってすぐに引き出しが開かない
- 歩くとしばしば荷物につっかかる

時間・労力の非効率

- 探し物が多い
- 忘れ物が多い
- ミスが多い
- 時間的な余裕がない

戦略・創造性の不足

- 状況がつかめない
- 考えがまとまらない
- 問題が見えない
- アイデアが浮かばない

↓

ファイリングの活用

序章

2 ファイリングの成功例を頭に入れておこう

能力を発揮するためのテクニック

ファイリングの効力を確認し、その目的をはっきりさせるために、前項の事例の解決編を示すことにしよう。

▼事例① リフレッシュ空間ができた

オフィスの息苦しさに思いあまったAさんは、他の部員とも相談して、上司に「オフィスにリフレッシュ空間を設けること」を提案してみた。上司は上層部に確認した上で「移転やフロアーの拡張はできない。ただし工夫して場所をつくれば、テーブルや椅子、観葉植物などの備品は購入しよう」と回答した。

これを聞いて最初はがっかりしたのだが、「でも案外ムダなものに場所を占領されているかも」という仲間の声に気を取り直し、不要な書類を整理し始めた。期限切れの書類や重複資料を捨て、別の部屋に保管すべきものは移し、私物は家へ持ち帰る。すると「へえー、こんなに…」と感心するほど書類の山が減った。さらに必要な書類をファイリングして効率よく什器に収め、机や器物のレイアウトを工夫してみると、窓際の一角がポッカリと空いたではないか。そこに簡単な家具や植物、絵画などを設置すると、念願通り気分転換の空間ができた。

同時に自分たちの机の回りも片づいて明るくなり、ほこり臭い空気も一掃されて、まるで別のオフィスに移ったようだ。また、書類がきちんと整理されたお陰で、ムダな探し物がなくなって仕事の能率はさらに上がった。部内にはこれまでにない活気がみなぎり、家具の購入代金も、この効果を見れば安い投資だったと、上層部も大いに喜んでいる。

▼事例② ムダをなくしたら余裕ができた

ある日曜日、Bさんが家でくつろいでいると、子どもが話しかけてきた。「おばあちゃんて面白いんだよ。何もすることないはずなのに、忙しい忙しいって言うんだ。で、何が忙しいのって聞いたら、あれを探したり、これを探したり、毎日探し物で忙しいんだって」。それを聞いて大笑いしたBさんだったが、「待てよ」と思った。もしかして、自分も同じことをしているんじゃないかな。

翌日から合間をぬって、Bさんは机の回りの書類を整理し始めた。顧客資料、外注資料、会議資料、スケジュール関係、名刺、レシートや領収書…と、ともかく分類して箱に入れた。その過程で、行方不明だった書類がいろいろ出てきたし、すでに不要になったもの、重複資料など、捨てるべきものもたくさんあった。それから適当なファイリング用品を用意して、分類した書類をさらに整理。ファイルやバインダーに収めると、それぞれタイトルを書いたラベルを貼って、机やキャビネットに片づけた。次にパソコンの中のデータを整理。メールも内容別にグルーピングして、不要なものは削除、返事の必要なものにはマークをつけた。そして、どんなに忙しくても、書類は必ず決まった場所に収めると誓った。

効果はてきめんだった。探し物の時間がなくなったお陰で余裕ができた。また頭の中も整理されて、忘れ物や二度手間もなくなった。さらにすぐに資料を確認できるため、うろ覚えで返答をして失敗することもなくなり、「やっと仕事が手の内に入ってきたな」と上司からも認められた。今では忙しい中にも仕事の充実を感じている。

▼事例③　アイデアのカラクリがわかった　会議の後でCさんは、思い切ってDさんに聞いてみた。「どうしたら、そう次々とアイデアが浮かぶのかな。何か秘訣があるの？」。Dさんは頭の回転がよく、会議でも次々に提案をする。親切なDさんは「書類を整理していると思いつくんだ」と、自分が実行しているファイリングについて話してくれた。

さらに彼の部署を見せてもらうと、資料の整理が実によい。スケジュール管理や業務連絡も一目でわかる。報告書や議事録はすべて一定の書式で整理されていて、変化や傾向がわかりやすい。また、新聞雑誌のスクラップも、共通キャビネットにテーマ別に整理されている。これを見てCさんは悟った。日々の情報収集と整理がアイデアの根源なのだ。それをシステム化することで、部内の業務管理にも血が通う。考えてみたら当たり前のことじゃないか。これなら自分にも実行できる。そう思うと、急に力がわいてきた。

＊

およそ仕事をしていて、忙しくない人間はいないし、誰しも「いい仕事をしたい」「能力を発揮したい」と思っているはず。その思いを実現するために、ぜひ活用してほしいテクニック。それがファイリングなのだ。

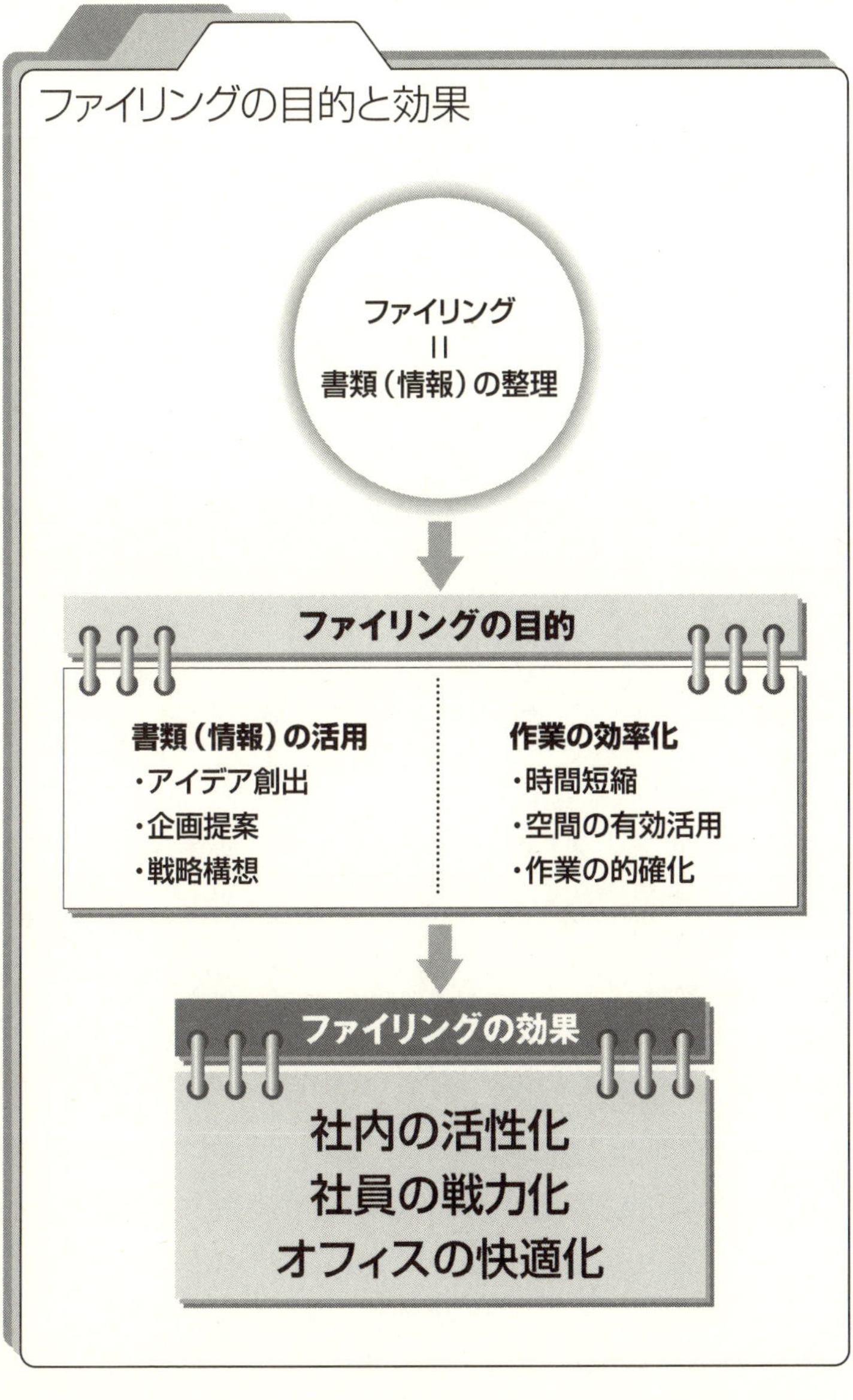
ファイリングの目的と効果
ファイリング
＝
書類（情報）の整理
ファイリングの目的
書類（情報）の活用
・アイデア創出
・企画提案
・戦略構想
作業の効率化
・時間短縮
・空間の有効活用
・作業の的確化
ファイリングの効果
社内の活性化
社員の戦力化
オフィスの快適化

序章

3 ファイリングのシステムづくり

常にメンテナンスが必要だ

前項の事例で、ファイリングの目的と効用のイメージがつかめたと思う。ファイリングを成功させる秘訣は、Cさんの事例でも出てきたように「システム化する」ことにある。整理した書類（情報）も、時間が立てば鮮度が落ちるし、次々と新しい書類が入ってくる。書類にも新陳代謝が必要だ。

最初に、ファイリングとは「書類を整理すること」と述べたが、もう少し言葉を足して、「集める→捨てる→分ける→収める→出す→戻すという書類の管理システム」と言った方が実際にそくしている。こうしたファイリングの中身については、次章以降で詳しく述べよう。ここでは簡単にそれぞれの要点をまとめておく。

▼集める　書類（情報）を集める段階から、ファイリングの視点を活かすことが大切。アンテナの張り方を工夫して、氾濫する情報の中から、必要なものを上手に選択する。また書類の書式も、整理や分析をする視点から、できるだけ統一すると効果的だ。

▼捨てる　書類というものは、仕事を回していく中で次々に出てくる。何もしないでいるとどんどんたまって、ファイリングのスペースを占領することになる。時間とともに不要になった書類に埋もれて、今必要な書類が見つからないようでは、何のためのファイリ

ングなのかわからない。そのため「捨てる」という行為は、書類整理の中でも非常に重要な要素である。

書類を「捨てる」チャンスは、ファイリングの全過程に存在する。まず集める段階で取捨選択し、分類する段階でさらに吟味し、出して戻す段階でも、常にこの書類が必要かどうかをチェックする。

▼**分ける** すなわち「分類」というのは、「整理」の中心となる要素だ。「捨てるか保管するか」という分類に始まって、用途別、場所別、テーマ別など、さまざまな分類の視点がある。集めた情報は「すぐに取り出せる」ことが大切だが、分類の適切さはその使い勝手を大きく左右する。また集めた情報を分析する場合にも、分類のセンスが問われる。

▼**収める** 整理と整頓は一連の動作として、四字熟語のように言われるが、整理は取捨選択して分類すること。そして、整理した書類をきちんとそろえて「収める」ことが整頓だ。この整頓のテクニックが「取り出しやすさ」の決め手となる。

▼**出す** 必要な書類を取り出して使う。つまり活用すること。集めた情報は活用しなければ意味がない。これこそファイリングの目的だ。

▼**戻す** せっかく整理した書類も、使った後で元へ戻さなければ、また「書類の山」に埋もれることになる。システムは循環させることが大切なので、「戻しやすさ」は、ファイリングを維持するための鍵になる。

序章

4 要は使いやすさ——自分に合った方法やレベルで

ファイリングを成功させるコツ

情報化社会と称される現在、どんな職種であっても、およそ情報（書類）抜きに仕事することは考えられない。だからファイリングのテクニックを心得ておくことは、ビジネスマンにとって常識といってもいいだろう。

とはいえ、ファイリングはあくまで仕事をサポートする技術だ。書類を管理する部門に働く人は別として、通常は仕事の本質ではないはず。だから活用の目的や、仕事の分野によって、おのずとファイリングの形式や規模が違ってくる。どういう形で、どの程度のファイリングをするかを状況によって選択し、試行錯誤をしながら、より使い勝手のよい方法を定着させることが大切だ。

▼誰のためなのか　例えば個人的に名刺や郵便物の整理をしたり、問題意識を高めるために新聞や雑誌のスクラップをする場合、自分の机の回りに収まる規模で行うのが普通だろう。あるいはパソコンを使って整理すれば場所をとらない。

もし部内や社内でのファイリングであれば、書類を共有することになるので、誰もが使いやすい什器や棚に収めることになる。ファイリングの形式も、自分だけではなく、部内の仕事の進め方を考慮して使いやすい方法を選ぶ必要がある。また、ファイリングのやり

目的にあったファイリングシステム

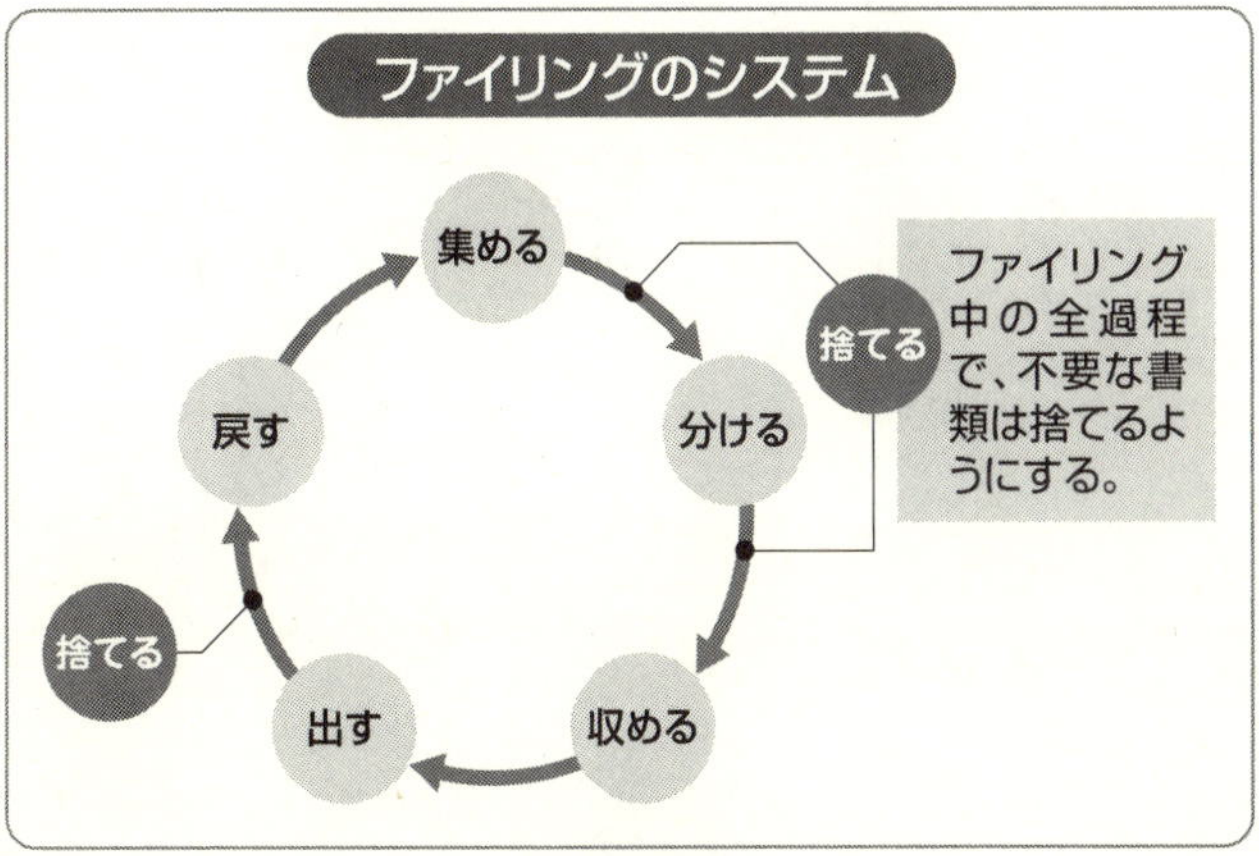

チェックポイント

- ▶誰のためなのか
- ▶何をしたいのか
- ▶使い勝手はよいか
- ▶成果はあるか

方はルール化して、部員全員がそのルールにのっとって活用することが大切だ。

なお、本書では個人によるファイリングを中心に、部内のファイリングにも目配りをしながら説明していきたい。

▼何をしたいのか　情報活用の目的によっても、ファイリングの手方は違ってくる。伝票整理など日常業務のためのファイリングであれば、何より効率性が重視されるし、企画やマーケティングのためのファイリングであれば、より分析しやすい形式が望まれる。

また整理の仕方にしても、必要以上に細かく分類すると、かえって煩雑になることもある。ファイリングにどれだけの時間を割けるか…というバランスの取り方も必要だろう。

▼成果はあるか　ファイリングのためのファイリングほど無意味なものはない。きれいに整理して並べても、ほとんど活用されないのであればムダなことだろう。ファイリングを進める中で、使い勝手はもちろん、成果や効用について客観的に評価することが大切だ。それで問題を感じればファイリングの仕方を工夫して改善しよう。そのために、いろいろなファイリング形式が考案され、多種多様な道具が出回っているのだ。

▼性格との相性もある　ファイリングの進め方にも個性が出る。例えばメモの取り方ひとつにしても、手帳あるいはカード、ＰＤＡ、ボイスレコーダーを活用するなど、人によってさまざまだし、整理の方法にしても同様だ。ファイリングの道具や方法にはそれぞれ利点難点がある。自分と相性のよいやり方を工夫することが成功のコツだ。

「道具の活用」でファイリングはこんなに進む！

1 机に積まれた書類の山を片づける

机の整理はファイリングの第一歩

ファイリングの意味を理解したところで、いよいよ実践論に入る。まずは、目の前の机の整理から始めたい。つい後回しにしたくなる「机の片づけ」だが、「机を制するものはすべてを制す」と肝に銘じて取りかかることにしよう。

▼なぜ机を整理するのか　事務系のビジネスマンは、1日の大半を机に向かって過ごす。営業職であっても、仕事の成果を確認し、明日の段取りを整えるのは、やはり机の上だろう。机はまさに仕事の現場なのである。その現場が書類の山で混乱していては、せっかくの能力もなかなか発揮できない。

もう一つ確認しておきたいのは「仕事場の机は私物ではない」ということだ。よく「私の机」という言い方をするが、実際には「私が使用している会社の机」である。そのため不在中に何らかの必要が生じれば、他の社員が机の中を見ることもあるし、仕事の分担が変われば次の担当者に引き継ぐことになる。あくまで「仕事のための机」なのだ。

だから、机の中には私物を置かないのが原則。とはいえ仕事のために置いておきたい私物もあるだろう。例えば、自費で買った仕事関連の書籍や雑誌、個人的に取り寄せた資料など。仕事を進める上で手元にあった方が便利なものは、持ちこみ許容と考えてもいい。

私物について考えてみよう

私物（個人的な所有物）

＝

できるだけ仕事場には置かないのが原則だが…

↓

仕事場に保管が許容される私物

- 自費で購入した仕事関連の書籍、雑誌、資料類。
- 仕事に使う自費購入の手帳類。
- 仕事に活かすことを想定した、個人的な新聞雑誌記事のスクラップ。
- 自費で購入した仕事に使う道具類。
- 仕事関係から、個人宛てに送られた手紙類。
- 社内サークル活動で使用する私物。

（両者の中間）

- 自己啓発、能力開発関係の書籍や雑誌、資料類。
- のど飴、バンドエイド等。
- 膝掛け、カーデガン等。

仕事場に保管すべきでない私物

- 自費で購入した仕事と関係ない書籍、雑誌、資料、手帳類。
- 個人的趣味のためのスクラップ。
- 個人的趣味のための道具や小物、遊具類。
- 個人の現金や通帳類。
- 個人的な写真、手紙類。
- 飲食物。

どこまでを許容とするかは、片づける際に改めて線引きして、不要と思われる私物は持ち帰ることが大切だ。

いつ誰が机の中を見ても困らない。誰が探しても、必要な書類がすぐ見つかる。それが「仕事のできるヤツ」の机である。

▼たまっている書類を全部出して　まずは机の上から手をつけよう。積まれている書類を1部ずつ確認して、①保管する書類、②別の場所へ戻す書類、③自宅へ持ち帰る書類、④不要な書類、⑤判断を保留する書類の五つに分ける。

①は机に保管するものなので、箱や袋に入れたり、クリップで留めたりして机の上に残す。②は本来保管すべき場所へ戻しに行く。③は自宅へ持ち帰るべき私物だから、鞄や手提げ袋に入れて持ち帰る。④は迷わずゴミ箱へ捨てる。⑤はあとでもう一度判断する必要があるので、①とは別にして机の上に残す。ここまででも、かなりの書類を処分できたと思う。

机の上がすんだら、次は引き出しの中のものを机の上へ出して、同じように整理する。すると机の上には、①保管すべき書類と、⑤判断を保留した書類が残ったはずだ。また、整理の過程で、名刺、ハガキ・手紙、社内文書、資料、あるいはA企画関係、B取引関係など、大雑把な分類ができただろう。とりあえず袋などに入れて、表に見出しを書いておくとよい。各書類のファイリングの仕方については、この後、順番に説明していく。

▼引き出しの中も活性化　整理した書類は机の引き出しに収めるのだが、各引き出しには形状の違いがある。どの引き出しに、どの書類を収めるのが最もよいか、工夫してみよう。例えば一番上の幅広の引き出しには、大判のノートや帳簿、スクラップなどを収めることになるだろう。また保留書類や、使用中の書類を一時的に保管するのにも、取り出しやすい、この引き出しが適している。

また、幅の狭い引き出しの最上段には、よく使う道具類を整理しておくことが多い。最下段の深底の引き出しは、バーチカル・ファイリング（↓46頁）に適している。

▼机管理のシステム化　机の整理は「一度すれば、それで終わり」ではない。毎日次々に新しい書類が舞いこむし、保管している書類も時間とともに不要になったりする。それに使い勝手が悪いと感じたら、そのつど整理の仕方を変えてみることが大切だ。

わかっていながら、つい日常の整理を怠ると、ほどなく机の上は書類の山に戻るだろう。そうならないためには、机の整理をシステム化するとよい。つまり「片づける時」を決めておくのだ。

最も基本的な「片づけ時」は1日の終わり。帰る時に机の上の書類をすべて片づけること。使いかけの書類も、所定の引き出しに仮収めする。この片づけは明日の段取りにもつながるものだ。あるいは週末、月末という区切りを「片づけ時」と決めておくのもよいし、一つの仕事が終わったら、関連する書類を片づけると、気持ちにも区切りがつく。

2 整理や片づけは取り出しやすいことが条件

文書を取り出すまでのアクション数を検証する

書類の整理や片づけは、後で取り出して使うことを想定している（使わない書類は捨てるのだ）。だから次に使う時に「取り出しやすい」ことが書類整理の条件となる。取り出しやすさを検証するには、取り出すまでのアクション数を考えてみるとよい。

▼ファイルまでのアクション数　例えばある書類を取り出す場合、①書類が収納されたキャビネットへ行く↓②引き出しを開ける↓③ファイルを取り出す↓④必要な書類を取り出す。するとアクション数は「4」である。もしその書類が自分の机にあれば、キャビネットへ行く必要がないからアクション数は「3」。より素早く取り出せる。日常的に使う書類は、机の中に保管しておくのが効率的だ。

また、キャビネットまで行くにしても、近ければすぐに取り出せるが、比較的遠かったり、通路が狭くて通りにくかったりすると、取り出しやすさは低下する。

引き出しの位置についても同様だ。手元に近い引き出しは取り出しやすいが、背伸びしたり、しゃがんだりしなければ引き出せない場所は取り出しにくい。机の引き出しにしても、体を傾け、手を伸ばす場所より、姿勢を崩さず引き出せる場所の方が使いやすい。だから、より使いやすい引き出しに、より頻繁に使う書類を収めるように工夫しよう。

さらに、どの引き出しに目指すファイルが入っているか、すぐわかるように、引き出しにも見出しをつけるとよい。迷って、いくつもの引き出しを開けるようでは効率が悪い。自分の机の引き出しについても、部内で共有する書類を保管している場合は、自分がいない時に誰かが探すこともあるだろう。書類が収めてある引き出しに、見出しをつけておけば、無駄なアクションを避けることができる。

▼書類までのアクション　ファイルが見つかれば、次のアクションでは書類を取り出せるはずだが、分厚いファイルに、たくさんの書類がつまっていたりすると、該当書類を探すのに手間取るだろう。すると最後のアクションが非常に長くなる。それを避けるため、ファイルが一定量以上になる場合は、分冊化するとよい。あるいは仕切り見出しをつけると探しやすくなる。不要な文書をこまめに捨てることも、探しやすくするコツだ。

なお、**大判の書類を折ってファイルに収める場合は、記載面を外側にして折ること。**そうすると開かなくても何の書類かわかるので、アクション数が一つ少なくてすむ。

▼不要なアクションを増やさない　ファイルの分類の仕方については、2章で詳しく述べるが、要するに目指す書類を探しやすくすることが肝心だ。分類や並べ方がわかりにくいと、迷って違う引き出しやファイルをいくつも開けることになる。

そして、使った書類は必ず元に戻すこと。これが徹底していないと「書類がない」とあちこち探し回って、アクション数をとんでもなく増やしてしまうだろう。

3 ファイリング用品を選ぶ

書類の性質や目的・収納環境によって適切な用品を選ぶ

書類整理を効率的に行うために、さまざまなファイリング用品が出回っている。種類がたくさんあって、それぞれに使い勝手が違うので、事務用品のカタログなどを眺めていると、目移りして迷うところだ。各種のファイリング用品を紹介する前に、全体的な選択の目安をまとめておこう。

▼綴じるか・綴じないか　書類をひとまとめにする場合、大きくわけて二つのやり方がある。すなわち書類を綴じる方法と、綴じない方法だ。綴じる方法の代表的な用具はバインダーである。書類に穴をあけて、リングやパイプ、ファスナーなどで綴じる。綴じ紐とか、スクラップブックなども、綴じるファイリング用品の仲間と考える。

一方、綴じない方法の代表的なものはフォルダー、いわゆる書類ばさみだ。クリアーホルダーとか、ケース、ボックス、袋なども綴じないファイリング用品の仲間になる。

▼バインダーとフォルダーの特徴　綴じる方法、綴じない方法、それぞれに長所・短所がある。書類の種類やファイルの目的に合わせて、使い勝手のよい方を選べばよい。

まず綴じる方法の代表、バインダーについて考えてみよう。長所の第一は、書類が紛失したり、書類の順番が狂ったりしにくいことだ。また、表紙の頑丈なバインダーを使えば、中の文書はしっかり保護される。背表紙の幅は1～10センチほどなので、厚いバインダーを使えば、関連の文書を一括して保管しておくことができる。

こうした長所は、逆に考えると短所になる。つまり書類を綴じこんでしまうと、必要な書類を取り出しにくくなるし、不要になった書類を簡単に捨てにくい。また、いちいち綴じ穴をあける手間がかかる。さらに分厚いバインダーは、重くて取り扱いにくいし、綴じた中から必要な書類を探すのに、手間取るだろう。

一方、フォルダーの長所と短所は、バインダーの場合と対照的になる。書類を綴じないので、穴をあける手間もなく、楽にファイリングすることができる。同様に取り出しやすく、不要なものは捨てやすい。必要に応じて分冊化したり、分類を変更したりするのも簡単だ。また、フォルダーごとに見出しを立てるので、引き出しに収納されている書類を一目で見わたせて、検索がしやすい。

ただし、綴じていない書類は散逸しやすいし、フォルダーの中の順番も狂いやすい。フォルダーが頑丈でない場合は、中の文書が傷む可能性もある。

▼横に並べるか・縦に並べるか

ファイルした書類は、適当な什器に並べて収納するのだが、ファイルの並べ方も、大きく二つに分けることができる。一つは横に並べる方法で、本棚などがその代表だ。バインダー式のファイルは本と同じような形状なので、本棚式の横並べの収納が適している。バインダーの背表紙につけるタイトルや見出しを工夫すると、わかりやすい収納になる。

もう一つは縦に並べる方法で、深底の引き出し式キャビネットなどが適している。身近なところでは、机の最下段の引き出しも、たいてい深底になっているので、縦に並べる収納ができる。

この並べ方にはフォルダーが適している。ガイド（仕切り見出し）をはさんで、そのまま什器に立てて並べることもできるし、フォルダーボックスに立ててから、引き出しに収めてもよい（↓50頁）。また吊り下げ式のフォルダー（↓38頁）もある。

つまり収納環境によって、ファイリングの方法が決まってくるわけだ。棚に収めたければバインダー式が並べやすいし、キャビネットや机の最下段に収めるつもりなら、フォルダー式が使える。もっともフォルダーは、フォルダーボックスに立たせれば棚に並べることも可能だ（フォルダー独特の検索のしやすさは多少損なわれるが…）。

▼書類の種類とファイル用品

もちろん、必ずしも書類の種類によって適するファイル用品が決まるわけではない。が、書類の性質や形状によって、使い勝手のよいファイル用品の傾向は出てくるものだ。書類の種類を確認しながら、よく使われるファイリング用品を次頁にまとめてみよう。

なお、FD（フロッピーディスク）やMO、CD、DVD、あるいは写真、フィルム、録音テープ、ビデオなど、紙以外の情報記録媒体もファイリングの対象となる。

書類の種類とファイリング用品

1	**一般書類（報告書、議事録、企画書、連絡・通知書など）** フォルダー、あるいはバインダー。
2	**帳票類（帳簿、台帳、伝票類）** 帳簿や台帳はバインダー。伝票類はフォルダーで整理して、一定期間ごとに綴じる。
3	**新聞雑誌記事の切り抜き** スクラップブック。あるいはA4の用紙に貼りつけて、フォルダーでファイル。ボックスに一時ため置き。
4	**雑誌** 専用バインダー。ボンドなどで製本（→44頁）
5	**カタログ・パンフレット類** フォルダー、ボックス。
6	**名刺** 専用のバインダー、フォルダーなど。あるいはスキャンしてパソコンのファイルに。
7	**ハガキ・手紙** バインダー、フォルダーなど。
8	**図面（設計図など）** クリアーファイルやフォルダー。大判の場合は、マップケースに収納。あるいは筒状のケースに。
9	**紙以外の書類（磁気ディスクや光ディスク、フィルム、録音テープ、ビデオテープなど）** 専用のケース、クリアーファイル、フォルダー。

4 はさむ——フォルダー・クリアーホルダー

書類を種類別にはさむファイリング

ここからは代表的なファイル用品を取り上げて、特徴や使い勝手を紹介していこう。まずは、前項で「綴じないファイリング」の代表として紹介したフォルダーから。フォルダーとは、すなわち「紙ばさみ」のことだ。次頁の図のように二つ折りになっていて、この間に書類をはさんで整理する。

▼個別フォルダー　フォルダーの最小単位である。二つに折った厚紙に、見出し用の山がついた形が基本。PP（ポリプロピレン）製の比較的丈夫なフォルダーもある。大きさはA4判が一般的なので、書類はなるべくA4判に統一すると整理しやすい。

個別フォルダーに、次々と書類を投げこんで整理するこの方法は、実に手軽で便利だ。一つのフォルダーに保管できる量は、書類の形状にもよるが、まず50枚程度は大丈夫。あまり量が多くなるとフォルダーが歪んで、中の書類が傷む原因にもなるので、二つのフォルダーに分けた方がいい。書類の厚さが1センチを超えないことが目安だ。

▼持ち出しフォルダー　書類を持ち出す時に使うフォルダー。図のように、両脇にマチがついていて、書類が落ちないようになっている。懸案中の書類を仮置きする場合にも、このフォルダーがよく使われる。マチがついているため、底に幅があるので、厚みのある

フォルダーの種類

●個別フォルダー

●持ち出しフォルダー

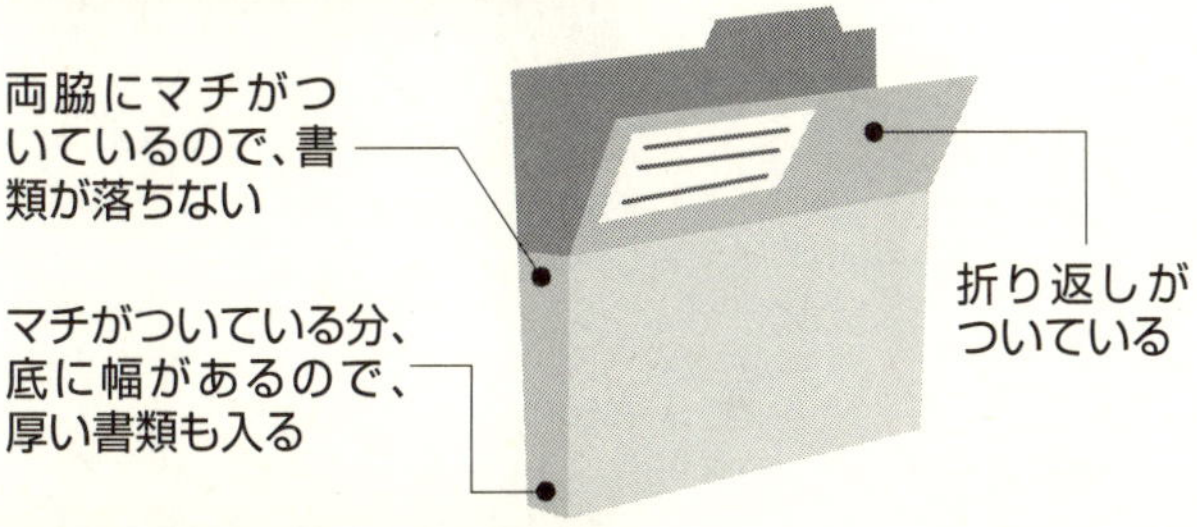

●ハンギングフォルダー

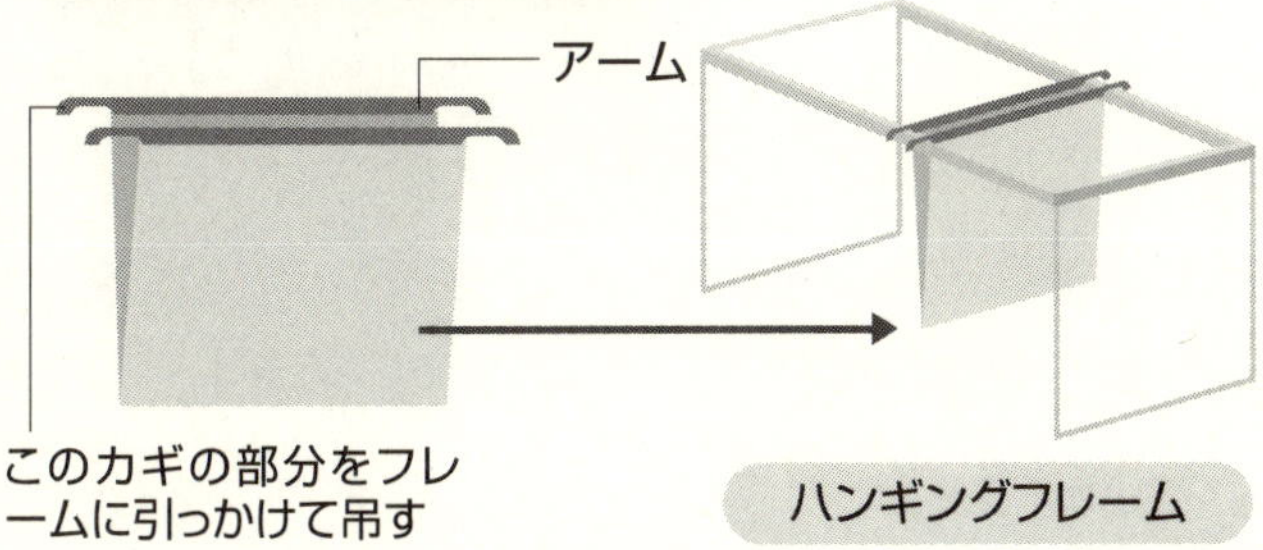

書類を保管することもできる。

▼ハンギングフォルダー　その名の通り、吊して使うフォルダーだ。フォルダーの上部に、両端がカギ型のアームがついている。このアームをキャビネットの両端に引っかけて吊す仕組み。キャビネットを十分に活用して、多量の書類を効率よく整理できるのが利点だ。

ただしこの場合、キャビネットの中にアームを引っかけるためのフレーム（ハンギングフレーム）をセットする必要がある。フレームの形状にもいくつか種類があるので、キャビネットに適するものを選ぶとよい。あるいは、フォルダーを吊すためのボックス（ハンギングボックス）を使えば、より手軽に利用することができる。

▼フォルダーの見出し山　個別フォルダーには、見出しとなる山（↓前頁の図）がついている。この見出し山は、フォルダー全長の3分の1の幅で、右端についているのが基本だ。が、見出しが重なると見にくいので、山の位置がずれているものもある。また、山の幅にも2分の1幅から4分の1、あるいは5分の1幅といろいろある。細かく分類したい場合には、山ずれの多いタイプが便利だろう。

▼フォルダーの中の整理　個別フォルダーの中の書類の量が多くなると、フォルダーの中でもさらに書類を分類したくなる。最もてっとり早いのは、一連の書類をホチキスで留めておくこと。ただし、枚数が多いと留めにくい。

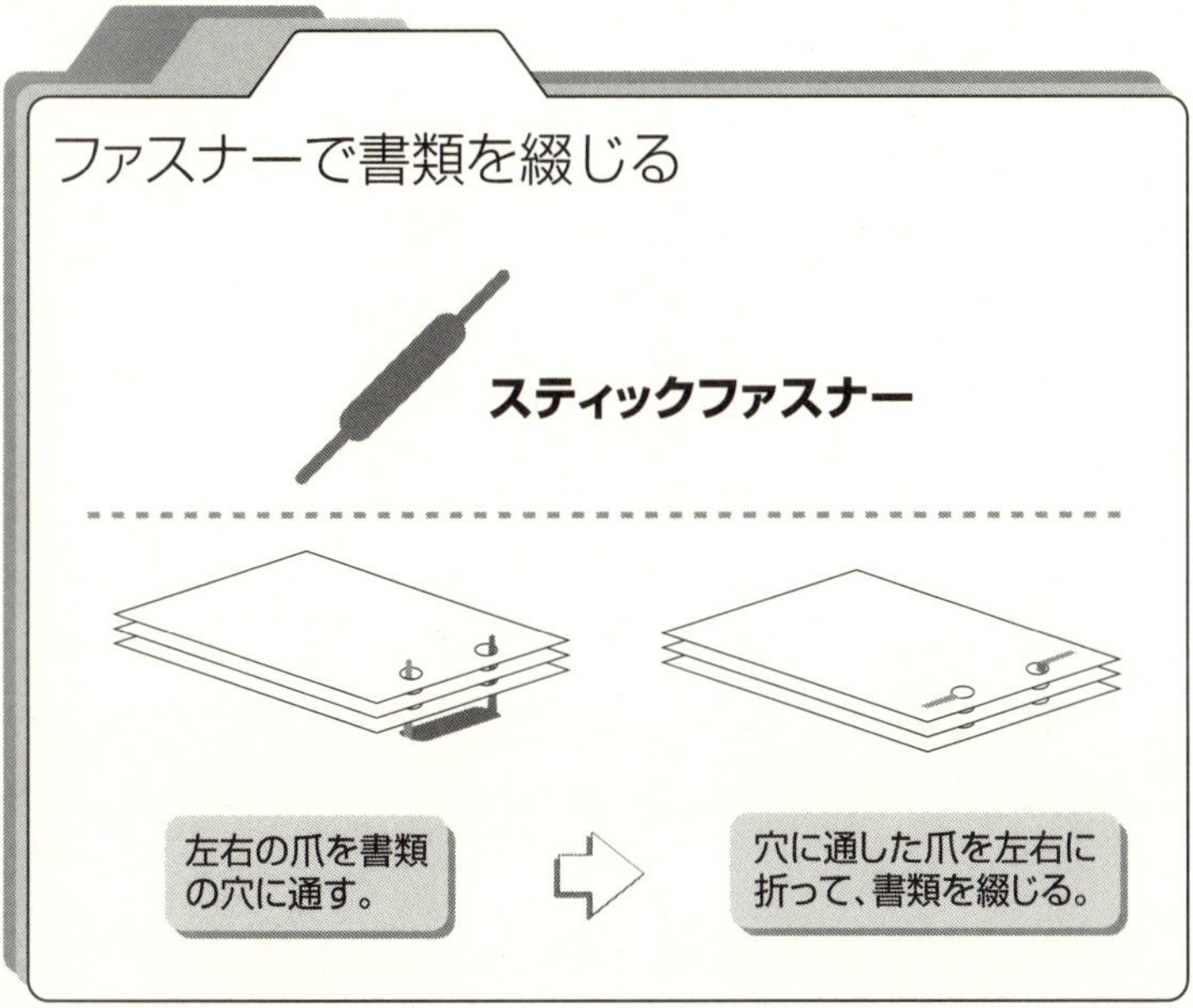
ファスナーで書類を綴じる
スティックファスナー
左右の爪を書類の穴に通す。
穴に通した爪を左右に折って、書類を綴じる。

そんな時に便利なのがファスナーだ。これは書類を綴じる金具なので「綴じるファイリング」との併用になる。実はたいていの個別フォルダーには、ファスナーを通すための切れ込みが入っているのだ。この切れ込みを通して書類を留めると、フォルダーと書類をいっしょに綴じることになるので、書類の散逸を防げる。

▼クリアーホルダー　半透明の書類ばさみだ。資料やメモ、スクラップなどを、手軽にはさんでひとまとめにできる。はさめる量は少ないが、手軽さが魅力。未整理の書類を一時保管するのにも適している。

　色のついたホルダーもあるので、文書の種類別に色分けするとわかりやすい。また、FDやCD、あるいは名刺を入れるポケットがついたものもある。

5 綴じる――バインダー・クリアーファイル

書類を順番に綴じてファイリング

フォルダーが「紙ばさみ」なら、バインダーは「綴じ込み表紙」あるいは「くくり紐」を意味する。すでに紹介したように、書類に穴をあけて綴じるファイリングである。

綴じ穴の数はいろいろあるが、穴のあいていない書類を綴じる場合には2穴式が一般的。綴じる部分にパンチで穴をあけるのだ。一方、24穴、30穴など、穴数の多いタイプは、最初から同数の穴があいているルーズリーフを綴じる。

▼パイプ式とリング式　図のように、穴にパイプを通して綴じるタイプを、パイプ式バインダーと呼ぶ。パイプ式の綴じ具は非常に頑丈なので、よりたくさんの書類を綴じることができる。表紙の背幅が10センチ程度のものなら、８００枚余りの書類を1冊に綴じることができる。

一方リング式の場合は、表紙の背幅が4センチ程度までのものが多い。綴じられる枚数も３５０枚以下が一般的だ。綴じ具の頑丈さでは、パイプ式の方がまさるだろう。

リング式の利点は、綴じた書類を開きやすいこと。だから、綴じこんだ書類を読んだり、そこに書きこみをしたりする場合は、使い勝手がよい。またリングが割れる形で開くタイプなら、書類を途中から抜き取ることができて便利だ。綴じ穴数も、2穴はもちろん、4

バインダーの種類

●パイプ式バインダー

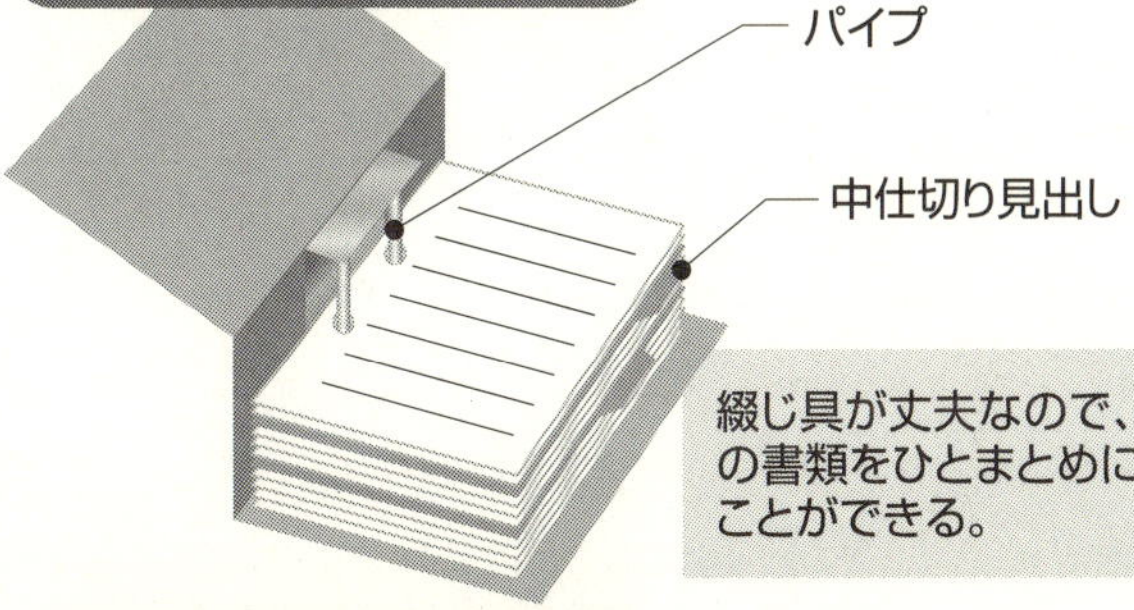

綴じ具が丈夫なので、多量の書類をひとまとめにすることができる。

●リング式バインダー

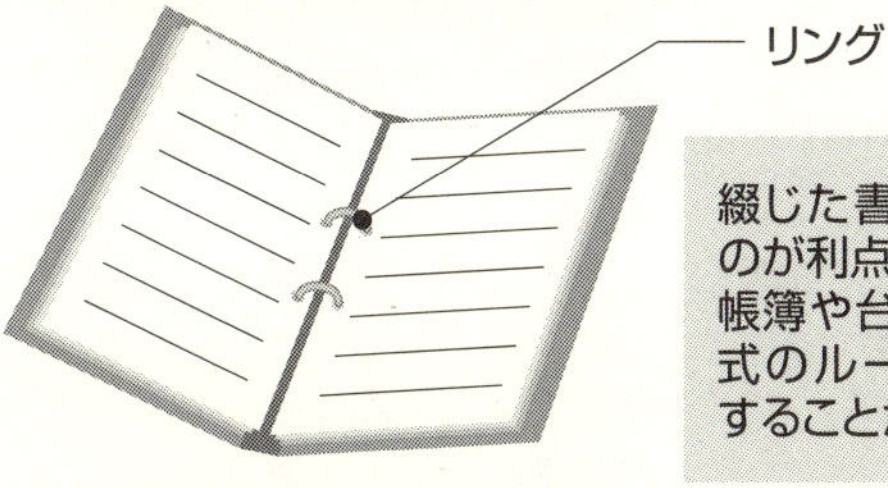

綴じた書類を開きやすいのが利点。
帳簿や台帳などは、リング式のルーズリーフを使用することが多い。

●クリアーファイル

固定式の場合、20ポケットから100ポケット以上のものまである。
ポケットに厚みのある書類を入れる場合は、あまりポケット数が多いと、膨れて使いにくくなる。

穴、24穴、30穴などいろいろあり、穴数が多い方が、書類をしっかりと綴じられる。

▼**フラットファイル** 2穴をファスナー式（↓39頁）に綴じるバインダー。このバインダーの特長は手軽に使えて、安価なこと。綴じ具がファスナーなので、あまり大量の書類を綴じる場合には向かない。そのため表紙の背幅も2センチ前後のものが多い。

ただし樹脂製のファスナーや、とじ紐で綴じるタイプのものでは、書類の厚さに合わせて背幅を調節し、10センチ近くまで綴じられるものもある。丈夫さや、開きやすさではパイプ式やリング式に劣るが、軽くて、安価で、融通がきくのが魅力だ。

▼**レバーファイル** 書類に穴をあけず、金具にはさんで圧力をかけて綴じるバインダー。穴をあけずに綴じられるのは手軽だが、反面、書類が抜け落ちたり、順番が狂ったりする可能性もある。また、適量以上を無理に綴じると、金具が壊れたり、書類を傷めることになるので要注意。扱いの手軽さから、未整理書類の仮置きなどに向く。

▼**クリアーファイル** 透明なビニール製ポケットのバインダー。ノート式に綴じてあるタイプ（固定式）と、ルーズリーフタイプ（差し替え式）のものがある。透明ポケットに書類を入れるだけなので、収納も取り出しも自由。その点ではフォルダー感覚の手軽さがある。しかもポケットは綴じられているので、順番が狂わないし、バインダーなので持ち運びにも便利。広い用途に利用できる。

例えば、旅先での資料収集などにはもってこいだ。出張で、いくつかの取引先を回り、行く先々で資料や伝票等を受け取った場合など、もらった順にポケットに収めておけば、整理しながら保管できる。また、ポケットには多少厚みのあるものも入るので、パンフレットやレポートなども、スポッと入れられるのが便利だ。

旅先に限らず、一連の取引やプロジェクトの資料を、順番に並べて保管するのにも向いている。相手と取り交わした手紙や契約書、伝票なども順番に収めておけば、後で進行状況を確認する場合にも役立つ。

また、ビニールポケットに収めることで書類を保護することも、クリアーファイルの利点だ。そのため契約書や権利書など、汚したり傷つけたりできない書類を保管するのにも向いている。あるいは閲覧用の書類に活用するのもよい。例えば、来客用の案内や説明の書類を、1枚ずつポケットに入れておけば、たびたび閲覧されても書類が傷まない。

なお、クリアーファイルにはFDやCD、写真、フィルム等を収納するための専用ポケットもある。ルーズリーフ式の専用ポケットを利用すれば、書類とデジタルデータ、写真などを、一つのバインダーに綴じこむことができる。

▼中仕切り見出しの活用

バインダーに書類を綴じる場合には、中仕切り見出しを使って、綴じた書類を分類しておくとよい。また書類の量が多く、中仕切り見出しをたくさんはさんだ場合は、見出しを順番に書き出して、先頭に綴じておく。すると綴じた書類の内容が一目でわかる。つまり、本に目次をつける感覚だ。

6 製本する——ホチキス・接着剤

資料・パンフなどを1冊にまとめる

バインダーに綴じるまでもない書類を、手軽に一まとめにできる、便利な方法を紹介しておこう。

▼手軽なホチキス製本　書類をひとまとめにするのに、最も手軽なのはホチキスで綴じる方法。通常は本の開き方と同じように、横書きの書類なら左上端、縦書きなら右上端を綴じる。もし両面印刷された書類なら、下端も綴じて完全に製本した方が見やすい。

また、プレゼン用、あるいは売込み用の資料なら、ホチキスで綴じた上、市販の製本用ファイルを使って表紙や背表紙を整えれば、イメージアップにもなる。

▼たくさん綴じるならボンド製本　ホチキスは手軽だが、一度に綴じられる量はそれほど多くない。多量の資料、あるいは小冊子などを綴じる場合は、ボンド製本が便利だ。

例えば見本市とか、合同展示会などに行って、各社各商品の資料やパンフレットをたくさん入手してきたとする。これを部内で回覧したいのだが、バラバラだと回しにくい。そんな時には、次頁のようにボンド製本すると、カタログ集の感覚で見ることができる。回覧し終わったら、しばらく書棚に保管しておいてもいい。資料の利用価値が、バラバラの状態よりグンと上がるはずだ。

ボンド製本の方法

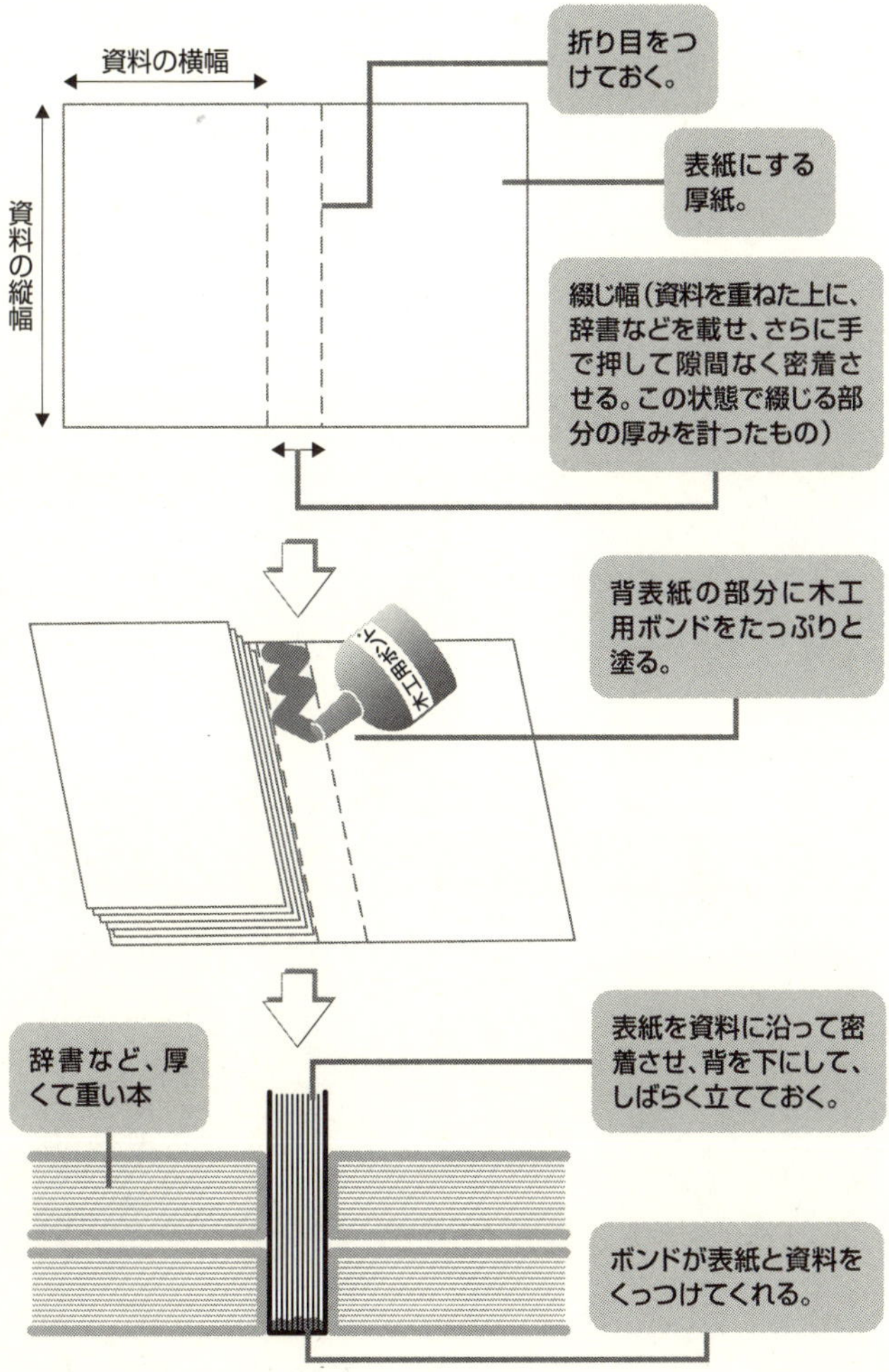
資料の横幅
資料の縦幅
折り目をつけておく。
表紙にする厚紙。
綴じ幅（資料を重ねた上に、辞書などを載せ、さらに手で押して隙間なく密着させる。この状態で綴じる部分の厚みを計ったもの）
木工用ボンド
背表紙の部分に木工用ボンドをたっぷりと塗る。
辞書など、厚くて重い本
表紙を資料に沿って密着させ、背を下にして、しばらく立てておく。
ボンドが表紙と資料をくっつけてくれる。

7 並べる——バーチカルとラテラル

縦に並べるか・横に並べるか

フォルダーにしても、バインダーにしても、ひとまとめにした書類は並べて収納することになる。並べ方には2通りあって、すなわち「縦に並べる」か「横に並べる」か。縦に並べる方法をバーチカル・ファイリング、横に並べる方法をラテラル・ファイリングという。それぞれ「縦」と「横」を英語に置き換えた呼び方で、一般的には耳慣れない言葉だが、ファイリングの世界ではよく使われるので、覚えておくと用品選びの時に役に立つ。

▼バーチカル・ファイリング　書類を縦に並べて整理するわけだが、縦に並べるとは、つまり手前から奥へ向かって並べること。典型的な例は、図書館の図書目録だ。もっとも、あれはカードが並んでいるものだが、カードをフォルダーに、カードケースをキャビネットに置き換えれば、書類のバーチカル・ファイリングになる。

バーチカル・ファイリングは、各フォルダーについている見出しを、一目で見わたすことができるので、必要な書類を探しやすい。

▼ガイドを使って細かく分類　さらに書類を探しやすくするには、同類の書類をグループ化して、グループごとの仕切り見出しを立てることだ。この仕切り見出しをガイドと呼ぶ。ガイドには、フォルダー全幅の6分の1幅の見出し山がついている。フォルダーによ

バーチカル・ファイリング
第1ガイド＝大見出し
第2ガイド＝中見出し
個別フォルダー＝小見出し
雑フォルダー
特別ガイド
1/6幅
1/6幅
1/6幅
1/3幅
1/6幅
企画B
貸出
雑
他社資料
関連研究資料
市場調査
c班研究報告
b班研究報告
a班研究報告
最新
全体会議
企画A
企画関係

るバーチカル・ファイリングの場合、ガイドの立て方も含めて、分類の仕方に基本的な型がある。前頁の図のように、左から「第1ガイド」「第2ガイド」「雑フォルダー」「個別フォルダー」「特別ガイド」という具合に、ガイドを立てながらフォルダーを並べる方法だ。それぞれの役割について簡単に紹介しておこう。

第1ガイド　グループ全体をくくる見出しである。大見出し（大分類）と考えればよい。

第2ガイド　大分類の中をさらに細かく分割した見出し。中見出し（中分類）である。

個別フォルダー　書類を入れる個々のフォルダーである。このフォルダーの見出しは、小見出し（小分類）に当たる。なお個別フォルダーの見出し山は、全幅の3分の1幅。ガイド見出しの2倍のスペースがあるので、その分、細かく内容を書きこめる。

雑フォルダー　どの個別フォルダーにも属さない書類。ある程度たまったら、個別フォルダーに独立させる予備軍だ。雑フォルダーは、第2ガイド（中分類）ごとにつくる。

特別ガイド　自由に使えるガイドスペース。このスペースに「貸出ガイド（フォルダーをキャビネットから抜き出す時に、持ち出し先を記録する用紙が貼りつけてある）」を立てることが多い。あるいは特別注目されて活用頻度の高いフォルダーや、新規に設けたフォルダーの場所を示す目印としても使われる。

このように、ガイドを使って細かく分類すると、目指す書類が探しやすいだけでなく、書類全体の内容構成も把握できる。

▼ラテラル・ファイリング　こちらは横に並べるわけだが、フォルダーを使ったラテラル・ファイリングの例としては、病院のカルテが典型的だ。何段かの棚にぎっしりと横並びになったカルテを見たことがあるだろう。この場合、フォルダーを何かに収めず、じかに棚に並べるので、オープン式という呼び方もする。フォルダーはラテラル専用のもの（見出し山が上ではなく横についている）を使う。

ラテラル・ファイリングの利点は、いちいちキャビネットの引き出しを開けることなく、すぐに書類を取り出せること。また、引き出しを開ける奥行きを必要としない分、スペースを節減できるし、何人かが同時に書類を探す時にも都合がよい。病院のカルテは頻繁に抜き出しが行われ、しかも迅速さが要求される。また、何人かで同時にカルテを探す場面も多い。そのためにラテラル式が便利なのだ。

ただしラテラル式では、ガイドによる細かい分類は難しい。だから単純な分類ができる書類に向く。カルテの場合、「外来」「入院」に大別して、あとはそれぞれ50音順に並べるだけという、単純な分類が可能なので、その点でも適している。

病院のカルテは特殊な例だが、もっと身近なところでは書店の棚もラテラル式だ。特に文庫本がズラリと並ぶ棚を見ると、国内作家の本と外国作家の翻訳本に大別され、それぞれ50音順に作家の名前のガイドがささって分類されている。本と同じ形態をもつバインダーの場合も、やはりラテラル式の並べ方になる。

8 入れる――ボックス・ケース・封筒

手軽に多様な使い方ができる自由型のファイリング用品

綴じたり、はさんだりせず、ただ「入れる」というのは、最も簡単な分類法だ。その代表はボックス・ファイリング。書類だけでなく、雑誌や写真、録音テープ、デジタルデータなど、種類の異なる情報をひとまとめにすることもできるし、他のフォルダーやバインダーとあわせて使えば、細かい分類整理もできる。さらに持ち運びに便利なのも利点だ。

▼横型ボックス　箱を横位置に立てて使う方法だ。よく学校や図書館などで、不要になった本の箱に紐を通して壁に掛け、状差しやメモ入れとして使っているのを見かける。これなども横型ボックスの素朴な活用例だろう。

横型ボックスの最もポピュラーな活用法は、フォルダーと組み合わせたボックス・ファイリング。つまりフォルダーをボックスに入れて立たせるのだ。最初からフォルダーとセットになって、販売されている場合もある。ボックスの幅は10センチ前後のものが多いので、それほどたくさんのフォルダーは入らないが、次頁の図のように、側面に見出しをつけて、いくつも棚に並べれば、かなり充実したファイリングができる。また個人的な書類整理なら、このボックスを机の最下段の引き出しに収める方法が手軽だ。

▼縦型ボックス　箱を縦位置に立てれば、バインダーケースとして利用できる。図のよ

ボックス・ファイリング

●横型ボックス

ボックスの中にフォルダーを立てれば、書類を分類して整理できる。

見出しを記入。各フォルダーの見出しも記入しておくと、探す時に便利。

この面を前にして、いくつも並べれば、体系的なファイリングも可能。

●縦型ボックス

前面がカットされていて、バインダーの見出しが見える。

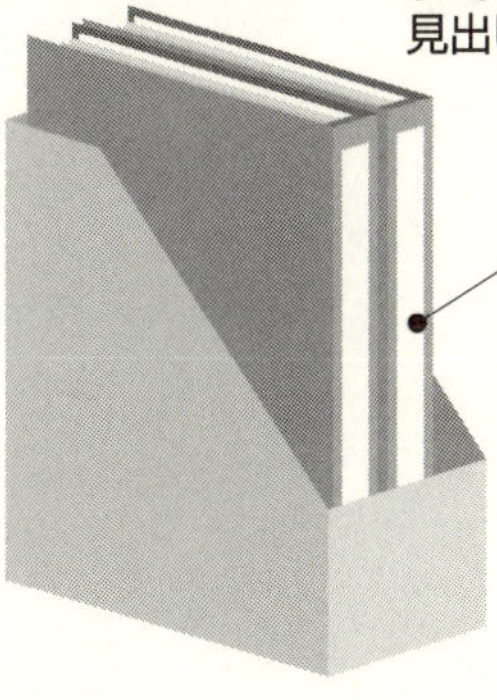

前面が開放されているタイプ。

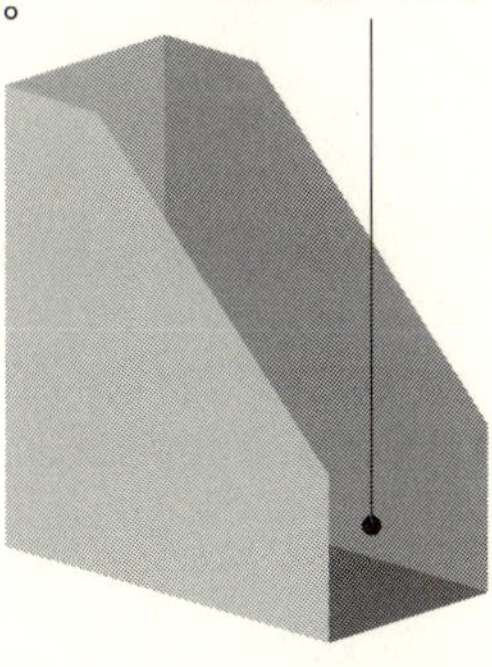

うに、前面が大きくカットされ、中に入れたバインダーの見出しが見やすくなっている。前面が全開しているタイプを使えば、ブックエンド感覚で大型バインダーも立てられる。紙製や樹脂製だけでなく、金属製のボックスもある。机の上に立てる場合は、重みがあって安定のよい金属製ボックスが向いている。

また、縦型ボックスに定期刊行物を立ててもよい。よく図書館の雑誌コーナーなどで見かける整理法だ。あるいは書棚の中に縦型ボックスを立てて、雑誌やカタログをまとめて並べれば、見た目にもきれいだし、分類も徹底する。

▼ケースファイル　セカンドバッグ状の入れ物で、ボタンや金具でフタを閉じる。脇にマチがついていて、ある程度の厚みもあるので、さまざまな情報をひとまとめにしておくことができる。入れておけばホコリにならず、情報が保護されるのも利点だ。

ケースは透明で中身の見えるタイプが多い。ただし、もともと持ち運びに便利な形なので、透明性を抑え、取っ手のついたものもある。これなら、そのまま外部に持ち出すこともできる。また、フタの上に見出し山が突き出ているものもある。フォルダー式にキャビネットや机の最下段に収めてファイリングするためだ。フォルダーより多量の書類が入るし、書類以外の情報も保管できるので、多様なファイリングに対応できる。

▼ドキュメントファイル　さまざまな情報をひとまとめに入れられるのがケースファイルのよさだが、反面、ケースの中がゴチャゴチャになりやすい。それを解消したのがドキ

ュメントファイルだ。ケースの中がいくつかのポケットに分かれていて、それぞれに見出し山がついている。

これなら分類して保管しておけるので、必要な書類を取り出す時に、ケースの中をあちこち探すこともない。ただし各ポケットには幅がないので、一つのポケットに分厚い書類を入れると、ポケットが破れる恐れもある。

▼箱や封筒で仮置きファイル

「入れる」ファイリングはルーズにできるのが特長。忙しい仕事の合間に、興味を引かれた記事の切り抜きや、思いつき・懸案事項のメモなどをポンポン放りこんだり、未処理の書類を仮置きしておくには、もってこいだ。

また外出中は、机の上に留守番箱を置いておくとよい。不在中の電話の伝言やファックス、回覧物、配布物などは、すべてその箱の中に入れてもらうのだ。例えば、平たい箱の中に文鎮を一つ入れておけば、置かれた書類が散らばらなくてよいだろう。こうした専用箱があれば、書類を置いて行く人だって安心できる。

さらに、「入れる」道具は箱だけではない。使用済みの封筒もなかなか便利だ。大きめの封筒なら、多量の書類が入る上、箱のようにかさばらないので、引き出しに収めるのにも都合がよい。この場合、大切なのは封筒の表に必ず見出しをつけること。表書きがしてある場合は、メモ用紙などに見出しを書いて貼りつけておくと見やすい。なお、袋に入れた書類をいつまでも置いておかず、必要がなくなったら処分することもお忘れなく。

9 収める――引き出し型・棚型

ファイリングの形式と室内の状況を考え合わせて

書類を収納するキャビネットは、引き出し型のものと、棚型のものに大別できる。次頁に代表的なタイプを示したが、選ぶ時の考え方を整理しておこう。

▼キャビネットを選択する　考慮点の第一はファイリング形式との相性だ。基本的にフォルダーには引き出し型（ただしラテラルフォルダーには棚型も）、バインダーには棚型が適している。

第二は室内の状況。引き出し型の場合、引き出した時のスペースを確保しなければならないので、場所に奥行きが必要だ。その点、棚型ならば置くだけのスペースがあればいい。ただ、棚はたいてい壁面に設置されるので、使う人の机から遠いと不便になる。どこに配置するかは、机の位置も考え合わせて決める必要がある。

▼現状を活かして柔軟に　キャビネット類はファイリング用品に比べると値がはるし、置き場所の問題もあるので、購入を決めるのはそう簡単ではない。だから、例えば現在あまり活用されていないキャビネットがある場合、これを活用することを出発点に、ファイリング形式を工夫するのが現実的だ。個人的にファイリングを展開したい場合は、まず机の最下段の引き出しを十分活用することから考えよう。

キャビネットのいろいろ

●引き出し型キャビネット

ファイリングキャビネット

フォルダーによるバーチカル・ファイリングに適する。

ラテラルキャビネット

引き出しの中を仕切ったり、向きを変えたりすれば、バーチカル・ファイリングができる。

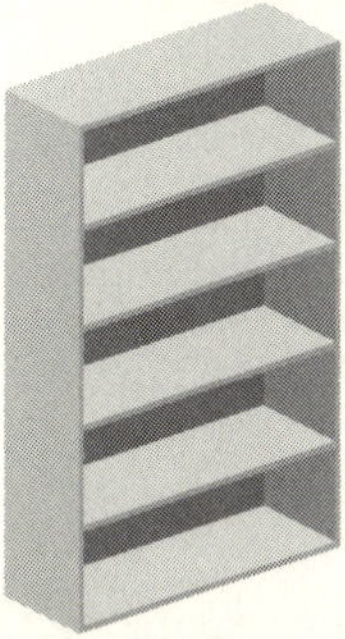

オープン式キャビネット

バインダー式やラテラル・ファイリングに適す。フォルダーをボックスに収めて並べてもよい。

●棚型キャビネット

クローズ式キャビネット

ホコリにならず、見栄えもよいが、すぐに取り出せない。

10 識別する──見出しラベル・シール・付せん

資料を見つけやすく・戻しやすくする工夫

分類したら必ず見出しをつけるのが、ファイリングの鉄則だ。フォルダーやバインダー、ボックスなどはもちろん、キャビネットの引き出しにも見出しをつける。じかに書きにくい場合は、見出し用ラベルを利用しよう。大小さまざまなラベルが市販されている。

▼見出しの書き方　中に収めた書類の内容がわかるように、具体的な見出しをつける。いくつかのファイルをグループ化できる場合は、グループ見出し（大見出し）を頭につけるとわかりやすい。例えば、企画関係のファイルがいくつかあれば、「企画関係─議事録」「企画関係─商品開発資料」という具合だ。

▼色分けの活用　さらにグループごとに色分けをすれば、その分類が一目でわかる。書類の内容による分類の他、「永久保存」「年度末に廃棄」あるいは「要返却外部資料」などの区別も、色分けを使うとわかりやすい。ただし、あまりたくさんの色を使うと、かえって識別しにくくなる。せいぜい5色ぐらいまでが適当だろう。

色分けの仕方としては、まずファイル用品そのもので色分けする方法がある。さらに手軽で小回りが利くのは、カラーシールによる色分けだ。色つきの小さいシールを、見出しの頭などに貼りつける方法。既存のファイリングに後から色分けを加えたい場合や、途中

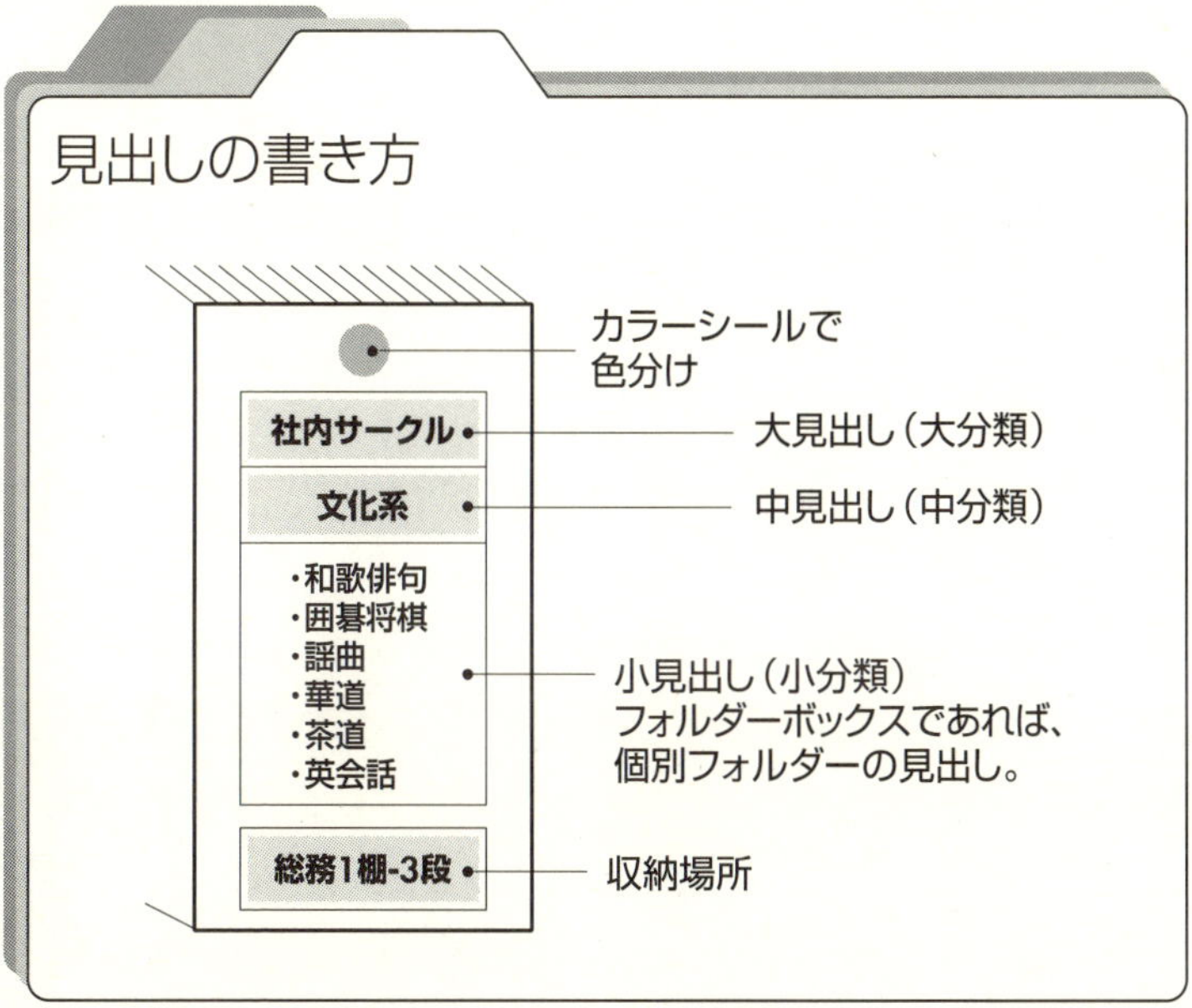

で分類を変更する場合も、手軽に貼ったり、はがしたりできる。

▼付せんの活用　付せんは便利な小道具だ。端に糊のついた紙片で、目印として貼りつける。糊の粘着力は弱いので、不要になったらはがせばいい。例えば本や資料を読む時など、疑問を感じたり、興味を引かれた箇所に貼っておく。

付せんの用途は、後で処理するための目印だ。ファイリングの際にも、例えば書類の一部を取り出した時、そこに貼ったり、見出しのタイトルが決まらない時、仮タイトルを書いて背表紙に貼ったり、あるいは一定期間、頻繁に使うファイルに貼ったり…。ただし懸案があって貼るわけだから、いつまでもそのままにせず、用がすんだらはがすことが大切だ。

11 別扱い――コルクボード・マグネット・付せん

他の資料と紛れず目立つようにしておく

書類の扱いは一定ではない。通常の分類に回すものの他、緊急を要するもの、短期間で不要になるものもある。こうした書類は通常のファイリングとは別扱いにしておきたい。

▼コルクボード　例えば、式典や催し物の案内などは、その時期が過ぎれば不要になる。もし出席予定であれば、他の書類と紛れないように保管する必要があるし、都合がつけば行こうと思っている場合は、忘れないように目につくところに置いておきたい。

そんな時に便利なのがコルクボード。コルク製の板に、書類やメモなどをピンで刺して留めるものだ。机の回りの常に目に入るところに吊しておくと重宝する。

▼マグネットで貼りつけ　コルクボードはピンで刺すが、周囲に鉄製の仕切やキャビネットがあれば、マグネットではさんで留めるのも便利だ。例えば、向かいの机との間に立てる目隠しボードなどは、鉄製のものが多い。すると目の前の目隠しがマグネットボードにもなるので一石二鳥。コピー用紙数枚程度はまとめて留めておくことができる。

▼付せんメモ　付せんは「目印」なのだから、他と区別したい時に活用できる。処理すべき書類の中でも「緊急のものには赤い付せんを貼っておく」など、自分なりにルールを決めて使うと、仕事の段取りにも役立つ。

別扱いのファイリング技術

●コルクボード

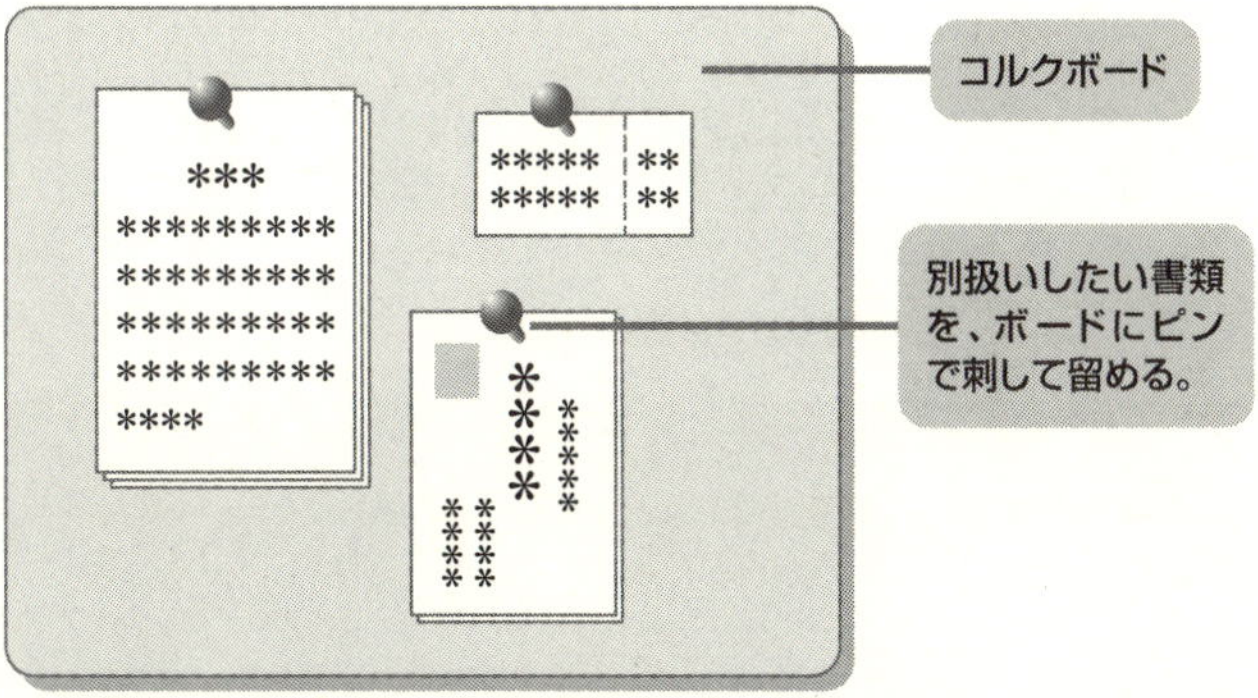
コルクボード
別扱いしたい書類を、ボードにピンで刺して留める。

●目隠し仕切りとマグネット

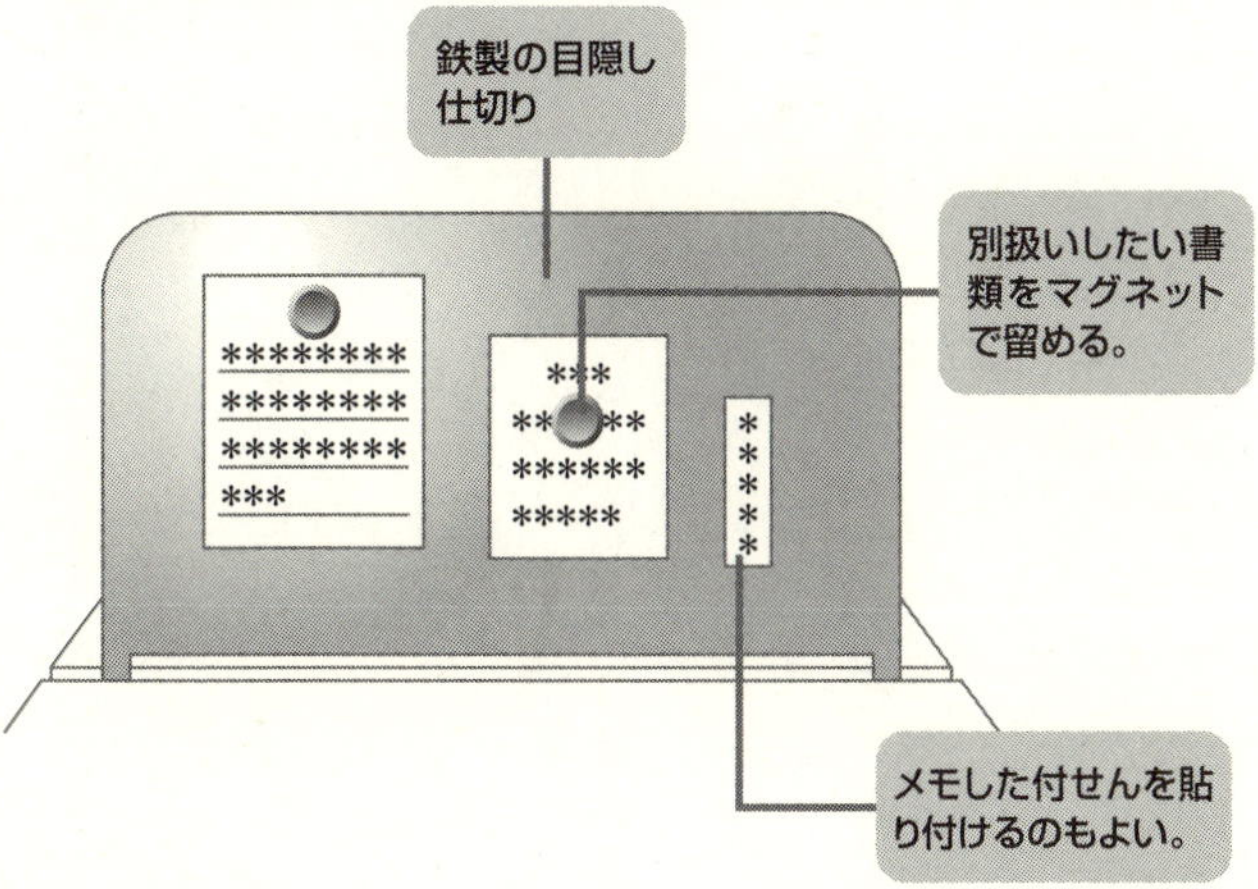
鉄製の目隠し仕切り
別扱いしたい書類をマグネットで留める。
メモした付せんを貼り付けるのもよい。

12 入力する――パソコン・PDA・ケータイ

「目の前の仕事」を進めるためにファイリングが必要

職場においても、1人1台のパソコンが当たり前の状況だ。その情報処理能力をファイリングに活かさない手はない。パソコンによる電子ファイリングの利点は、何より場所を取らないこと、そして検索力に優れていることだ。データの保管については不安もあるが、上手に使えば情報活用の効率を倍増することができる。

▼キーボードでデータ入力

パソコンにデータを入力する方法として、もっとも基本的なのはキーボード入力。「キーボードは苦手」という人でも、まずは1週間、だまされたと思って打ちこみ続けてみてほしい。両手の位置を合わせ、なるべくキーボードを見ないようにして、打ちこむのがコツ（もちろん最初は手元を見なければ無理だが…）。そのうち、指がキーボードの位置を覚えてくれるので、そうなれば手で書くより速いくらいだ。

例えば名刺整理、あるいはアンケート結果の集計などは、パソコンに入力して、データベース（↓96頁）で管理した方が、ずっと活用しやすい。キーボード入力は手間だが、一度入力してしまえば場所を取らないし、操作一つでいろいろな分類もできる。

また、必要なデータを検索する速さは、紙文書のファイリングの比ではない。見つからなくてイライラすることもなくなるはずだ。

▼データの保管　入力したデータは、ファイルとしてパソコン内に保管する。この頃は社内文書もたいていワープロで書かれるので、文書ファイルの形で、社内メールに添付されて送られることもよくある。こうしたファイルの整理法については2章でふれるが、「収納した情報を整理して取り出しやすい状態にしておく」「不要になった情報は捨てる」などの要領は、紙文書のファイリングと同様だ。

また、パソコンのデータは「ふいに消滅する」という危険性を常にはらんでいる。例えばパソコンが故障したり、ウィルスによってデータが破壊されたり。そうした事態に備えて、常にバックアップ（→173頁）を取っておくことは、電子ファイリングを進める上で、欠かせない鉄則だ。

▼PDAやケータイとの連携　今やケータイ（携帯電話）を持たないビジネスマンはほとんどいないし、PDA（携帯情報端末）も広く活用されている。こうした情報端末も、パソコンと同じように、データ管理機能を持っているので、住所録やメモ、スケジュール管理などに活用している人が多い。これもデジタル・ファイリングの一環だ。

ただし端末だけでは情報処理能力に限りがあるし、データ消滅の危険性もある。常に持ち歩くものだけに、落として壊す可能性もあり、そうなるとデータも消滅だ。パソコンと連携させて活用すれば、こうした面を補うことができる。

13

パソコンとスキャナーで紙文書の電子化

表や画像もそのまま電子化するPDFファイル

パソコンにデータを入力するには、キーボードで打ちこむ他に、スキャナーを用いる方法がある。スキャナーを使えば、文書だけでなく、写真やフィルムなども電子ファイル化することができる。ただし文書のスキャニングだけを考えれば、ドキュメント・スキャナーを使うのが効率的だ。

▼ドキュメント・スキャナー　文書専用のスキャナーで、紙送りに文書の束をセットしてスタートボタンを押すと、1分間に数枚から数十枚、高級機種なら100枚もの文書をスキャニングしてしまう。実に速い。また機種によって、カラーや両面のスキャニングにも対応する。いちいちフタを開けて、1枚ずつスキャニングする通常のスキャナーとは比べものにならない効率のよさだ。紙文書の電子化を図る場合には、ぜひ活用したい。

また日頃から会議の多いセクションで、そのたびに資料や議事録など、多量の文書を受け取る場合にも、ドキュメント・スキャナーは威力を発揮する。ある大学の教授は、学内だけでなく、企業や政府関係の会議にもしばしば招かれ、常におびただしい資料のファイリングに苦労していた。が、ドキュメント・スキャナーを使い始めてからは実に快適だ。会議から帰り、もらった資料のクリップを外して、ドキュメント・スキャナーにセットすると、あっという間にＰＤＦファイルに変換され、自動的に日付と時間を付けて保存されるようになっている。

あとでファイルを探す時には、手帳のスケジュールとファイルの日付をつき合わせればよい。疲れている時には、キーボードを叩いてファイル名を入力するのも面倒なので、この方法がとても便利。スキャニングが終わると、紙の束はすぐに捨ててしまうという。

▼ＰＤＦファイルの利点　ここでいうＰＤＦとは、ポータブル・ドキュメント・フォーマットの略で、米国のアドビシステムズ社が開発した電子文書の形式だ。アクロバットというソフトで、作成したり、読んだりするシステムになっている。ドキュメント・スキャナーには、たいていこのソフトが標準装備されている。

ＰＤＦファイルの利点としてまず挙げられるのは、複数の形式のファイルを、ＰＤＦという一つの形式に統一できることだ。例えば、文書に写真やグラフが貼りつけてある場合、文書はワープロソフト、写真は画像ソフト、グラフは計算ソフト…という具合に、それぞれ別のソフトで作成してある。つまり、複数のファイル形式を組み合わせて、一つの文書を構成しているわけだ。そうなると、作成に使ったすべてのソフトを備えたパソコンでないと、この文書を完全に開くことができない。

ところがこれをＰＤＦファイルに変換すると、１ページごとの内容をそのままＰＤＦというファイル形式に統一して保管することになる。もちろん、印刷された文書をスキャニングしてもそうなるが、文書データを直接ＰＤＦファイルに変換することも可能だ。

ファイル形式を一つに統一すれば、ファイルのサイズを最小限に抑えることができる。すると電子メールなどに添付して送る時、あるいはホームページに掲載する際にも負担が少ない。またファイルを送る場合に、相手のパソコンの環境をほとんど気にする必要がない。アクロバットリーダー（ＰＤＦ読み取り用ソフト・無料でダウンロードできる）さえあれば、開けることができるのだ。

この特長は、データの保存においても役立つ。ともかくコンピュータ関係の技術は日進月歩なので、パソコンの買い替えや、ソフトのバージョンアップに伴って、保管しておいたファイルを開けなくなることもある。ファイルが開かないということは、その文書が消滅したも同然だ。その点、ＰＤＦは常に互換性の確保を旨としているので、この形式に変換しておけば、まず開けなくなる心配はないだろう。

▼情報の活用　電子化したデータは、ＬＡＮ（↓67頁）などを通じて社内の誰もが活用することができる。さらに電子メールに添付して、社外へ送ることもできるし、データを加工してホームページに載せるなど、情報の使い勝手がよくなり、活用範囲も広がる。

また、パソコンの検索機能は非常に優れているので、ほしい情報を即座に取り出せる。さらに、ファイル管理や検索のための専用ソフトが出回っているので、ファイルの保存量が多い場合は、こうしたソフトを導入するのもよい。ファイリングの効率が向上する。

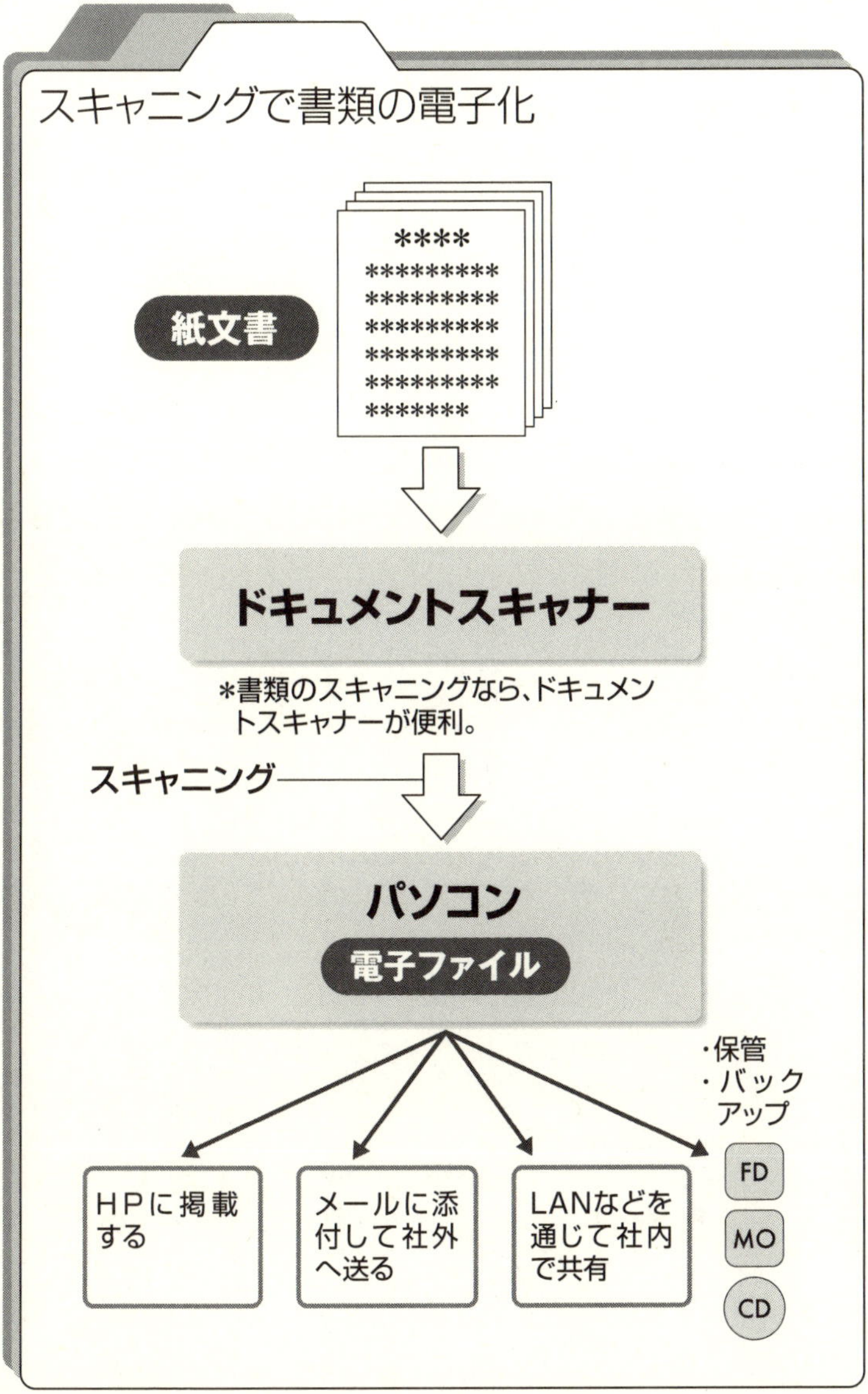
スキャニングで書類の電子化
****
****
****
****
****
****
****
紙文書
ドキュメントスキャナー
*書類のスキャニングなら、ドキュメントスキャナーが便利。
スキャニング
パソコン
電子ファイル
・保管
・バックアップ
HPに掲載する
メールに添付して社外へ送る
LANなどを通じて社内で共有
FD
MO
CD

14

複合機で電子文書の活用を広げる

コピー、スキャナー、プリンター、FAXと1台で何役もこなす複合機

最近は単なるコピー機に代わって、1台でコピー、スキャナー、プリンター、FAXなど、いくつもの機能を兼ね備える「複合機」がシェアを伸ばしている。高級機種は何百万円もするが、家庭用機種なら数万円台。電子ファイリングには強い味方になる。

▼電子文書の作成　例えば、原稿50枚のコピーを2部とる場合、以前であれば順番に2部ずつコピーが出てきて、それを振り分ける要領だった。が、この頃のコピー機は、まず順番に1部目を出して、次に2部目を出してくる。お陰で振り分ける手間が省けるのだが、なぜこんな芸当ができるかというと、コピー機が一度スキャニングした原稿のデータを記憶しているからだ。

大容量ハードディスクを装備して、コピー機のコンピュータ機能を充実させたことによって、単に原稿を写し取るだけでなく、原稿の情報を電子化して読みとり、記憶することができるようになったのだ。さらにパソコンと連携して、その電子化した情報を取り出せば、スキャナーとしても使える。これが複合機だ。

最近のコピー機は紙送りに原稿をセットすると、あっという間にコピーをしてくれる。複合機を使えば、このコピー感覚で、紙文書を電子化することができるわけだ。

▼通信機能で情報共有　複合機とパソコンが接続されていれば、双方のデータをやり取りすることができる。するとパソコンのデータを複合機に送って、それをコピー機から出力することもできるので、プリンターとしても使えるのだ。社内のコンピュータをＬＡＮ（ローカル・エリア・ネットワークの略。社内や敷地内など狭いエリアをつなぐ、高速データ通信構内ネットワークのこと）でつないでおけば、極端な話、プリンターは複合機１台でＯＫということになる。

また、大容量ハードディスクを装備した複合機は、大量のデータを記憶することができる。共有性の高いデータは、複合機に保管しておけば、すべての社員が自由に活用できて便利だ。例えば議事録も、複合機の中に議事録フォルダーを設けて、担当者が自分のパソコンで作ったデータを、そこに保管しておけば、誰でも好きな時にアクセスして、閲覧することが可能。ちょうど共用のキャビネットのように活用できるわけだ。さらにインターネットに接続すれば、複合機から直接、社外へデータを送ることもできる。

▼ＦＡＸ機能との連携　複合機にＦＡＸ機能を加えれば、ＦＡＸで送られてきた文書をプリントアウトせず、データとして蓄積することもできる。注文票など定形のデータなら、ＦＡＸ内容をそのままデータベース化することも可能だ。また逆に、複合機やパソコンのデータを、そのまま社外のＦＡＸ機に送信することもできる。

複合機は紙文書を大幅に減らし、情報管理の効率を飛躍的に高めてくれるのだ。

15 紙以外の情報のファイリング

ディスクやフィルム、テープなど多様な情報も効率よく整理

紙の文書以外にも、ディスクや写真、フィルム、テープ、図面など、さまざまな形の情報がある。こうした情報も効率よく活用するために、ファイリングを工夫しよう。

▼FD・MO・CD・DVDなどの整理

ＦＤ（フロッピーディスク）、ＭＯ、ＣＤ、ＤＶＤなどは、いずれも電子ファイル（パソコンで作成したデータ）を記録するための媒体だ。パソコンを使っていれば、必ず利用することになる。まずはバックアップとして、パソコン内のデータをコピーして保存するために使うし、データを持ち出す時にも必要だ。

各ディスクには必ず、保存したデータの内容を書いたラベルを貼りつける。ＦＤにしてもＭＯにしても、見ただけでは中にどんなデータが入っているのかわからない。いちいちパソコンで開いて中を確かめるのは手間がかかるので、ラベル表示は重要だ。

もし細かいファイルがたくさん収まっていて、ラベルに書き切れない場合には、別に内容目次を作っておくとよい。目次はプリントアウトしてディスクといっしょに保管してもよいし、ディスクに通し番号を付けて、全ディスクの目次リストを作るのもよい。なお、データを保存する場合には、テーマごとにディスクを分けた方が分類しやすい。

そしてラベルを貼りつけたディスクは、専用のケースやバインダーに収めておく。ディ

データの内容を表示する工夫

●FD・MO

共用と私用、あるいは分類別に、ディスクの色を変えるとわかりやすい。

保存する場合は、上書きや消去ができないようにツメをロックする。

大分類とともに、ディスクの内容と作成日付けなども記入しておく。ラベルに書き切れない場合は、別に目次を作っておくとよい。

●ビデオテープ

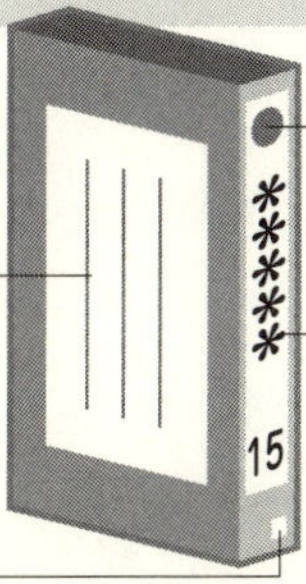

ジャンル別にカラーシールで色分けすると、分類がわかりやすい。

ビデオの内容を補足する

ビデオの内容を示す見出し、日付などを記入

保存する場合は、上から録画できないようにツメを折る。

通し番号を付けて、番号別に内容リストを作っておくと探しやすい。

●録音テープ

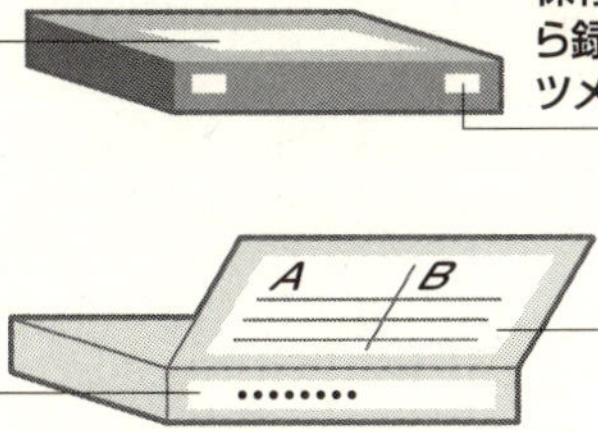

テープとケースに録音内容を示す見出し、日付などを記入。

保存する場合は、上から録音できないようにツメを折る。

詳しい録音内容を記入。

スクが傷つくと、データを開けなくなるので、むき出しにしておくことは避けよう。

▼写真とフィルムの整理　写真はアルバムに入れて整理する。クリアーファイル式のポケットアルバムが便利だ。アルバムには撮影日付や撮影場所、撮影目的などを明記する。写真の横にメモを書きこめるタイプなら、個々の撮影内容を記録しておける。

また、ネガフィルムは写真といっしょに保管するとわかりやすい。ネガだけを保管する場合は、写真店でフィルムのベタ焼きをプリントしてもらい、いっしょに保管しておくと、あとで検索しやすい。保管にはフィルム専用のファイルやケースを用いる。

ポジフィルムの場合はフィルムケースに入れたり、マウントしてある場合にはマウントケースに入れて保存する。もちろん撮影日付や場所、内容を明記して整理しておくこと。

▼ビデオテープ・録音テープの整理　個々のテープには、内容を記したラベルを貼り、専用のケースやキャビネットに入れて整理する。テープの数が多くなると、一覧しにくいので、テープに通し番号をつけ、その番号に対応させて一覧表を作っておくとよい。通し番号をつけて並べておくと、戻っていないテープをチェックできるので便利だ。

▼図面の整理　マップケースなど平積み式の什器の他、吊り下げ式の什器もある。また、ハンギングフォルダーを用いて整理するのもよい。図面ファイルに収める場合は、二つ折りか三つ折りになるが、持ち運びには便利だ。あるいは丸めて筒に入れておく方法もある。折り目はつかないが、丸まってしまうのが難点。筒保管用のキャビネットもある。

序

1

第2章

3

4

5

情報の「分類と検索」はファイリングの命！

1

収めた情報をすばやく取り出す

片づけるのは必要な時に取り出すため

机やオフィス内の文書をファイリングすれば、すっきりと片づいて快適な環境になる。が、肝心なのはここからだ。ファイリングの眼目は、必要な書類をいつでも取り出せる状態にしておくこと。その取り出しやすさは「分類」の仕方によって決まるのだ。

そこで本章では、分類のテクニックについて述べるが、まずは使い勝手のよい分類をするためのコツを挙げておこう。

▼取り出すための分類　必要な文書を取り出すということは、逆にいうと、必要のない文書を除くことを意味する。そもそも「文書」というのも一つの分類だ。文書はキャビネットの中…となれば、その他の棚や引き出しは、探す場所から除かれる。

さてキャビネットの引き出しはいくつもあって、たくさんの文書が収まっている。そこで必要な文書は「販売関係」となれば、一番右の上から2番目と3番目の引き出しと限定され、それ以外の引き出しは除かれる。さらに「A支店の…」「販売実績」「先月の…」としぼりこめば、必要な文書に行きつく。必要のない文書を要領よく除外できれば、より限定された文書群の中から、目指す文書を探すことができるわけだ。

分類（および分類を示す見出し）は、必要な文書のありかを案内する、いわば「道しる

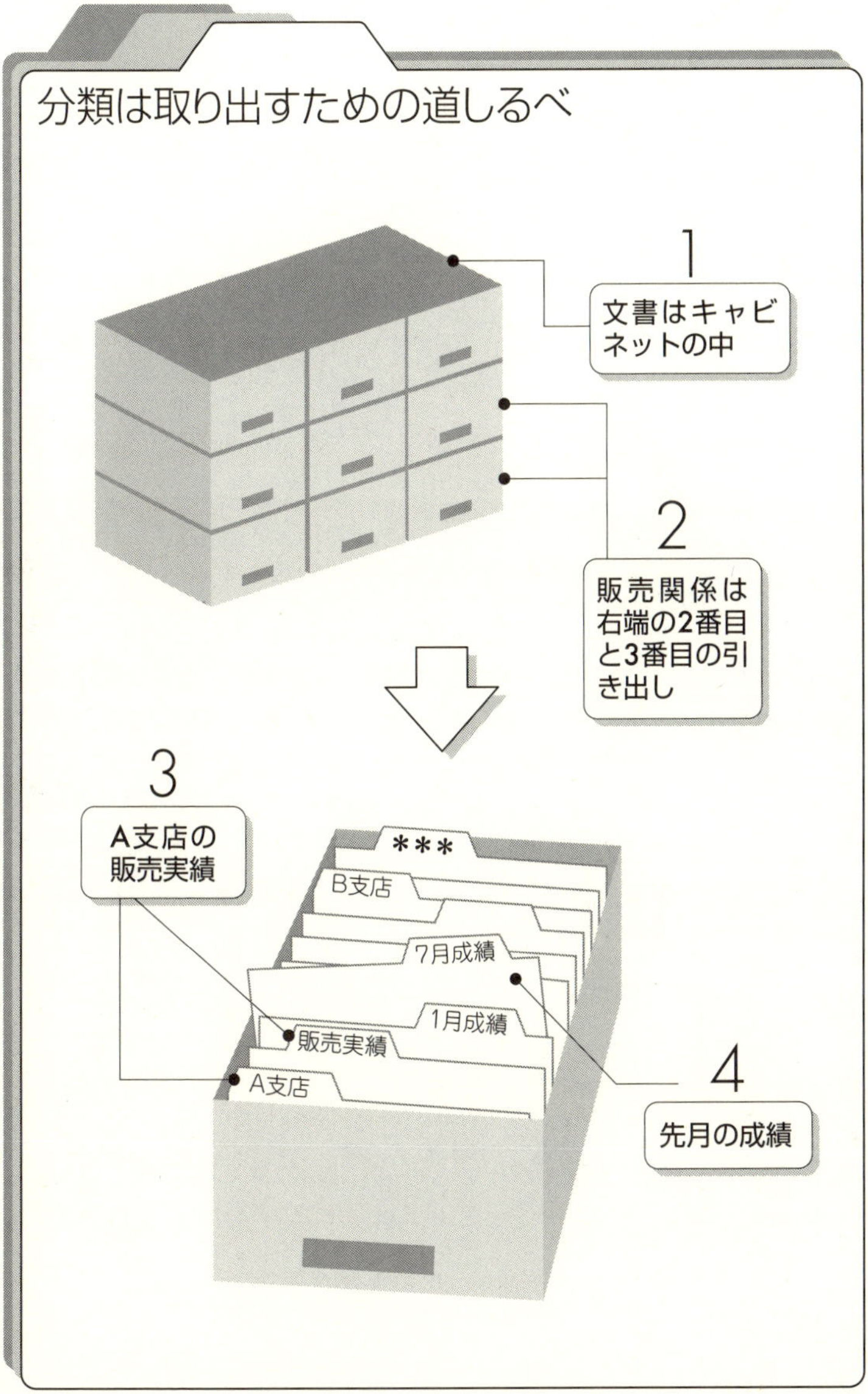
分類は取り出すための道しるべ
1
文書はキャビネットの中
2
販売関係は右端の2番目と3番目の引き出し
3
A支店の販売実績
4
先月の成績
＊＊＊
B支店
7月成績
1月成績
販売実績
A支店

べ」。わかりやすい「道しるべ」となるよう、分類をしよう。

▼関心のあり方で分類も変わる　分類のわかりやすさは、関心のあり方によっても違ってくる。例えば、図書館で本を探す場合、最初から読みたい本が決まっていれば、書名目録で探すし、特定の著者の作品を探す場合には著者目録を使う。もっと漠然と「美術関係で面白い本はないかしら」と探す場合は、分類目録を見るか、美術関係の書棚へ行って並んでいる本を順番に眺める。あるいは「何か新しい本が入ったかな」と思ったら、新着図書の棚を見る。関心のあり方によって、使い勝手のよい分類が違ってくるのだ。

書類の分類も同様で、仕事の状況や使う人の立場によって、使いやすい分類が違ってくる。使用目的を念頭において分類を考えるとともに、複数の分類を組み合わせたり、見出しの書き方を具体的にして、多角的に探せるように工夫するとよい。

▼分類にもメンテナンスが必要　仕事の状況によって使い勝手が変わる以上、分類の仕方も、一度整理したら終わりではない。状況に合わせて、書類の分類も変更しよう。そうでなくても、新しい文書が次々に入り、不要になった書類はどんどん捨てるのだ。書類の新陳代謝に伴って、それまでの分類では対応しにくくなることも珍しくない。

だから、分類にもメンテナンスが必要だ。分類の仕方を変更しても、見出しをきちんと立てておけば、検索に迷うことはない。

▼すべてを分類する　分類の鉄則は一つ残らず分けること。すべての書類に対して「道

しるべ」が用意されていなければならないので、どの分類にも入らない宙ぶらりんの書類があっては困る。例えば50音順の分類なら、すべて機械的に収納場所が決まるはずだ。しかしテーマ別の分類では、どのテーマにも属さない書類も出てくるだろう。

そういう場合は「その他」「雑」などの分類項目を用意して、残った書類を収めてしまう。そのうち「その他」の量が多くなったら、新しい分類項目を立てればよい。

▼各分類の量をそろえる　分類の最小単位の量を、ある程度そろえるように分類することも、探しやすい分類のコツだ。一つの分類の中に多くの書類が収まると、そこから目指す文書を探すのに手間取ってしまう。もし内容的に二つ以上に分けられない場合は、その分類中の文書を時系列や50音順で並べ、適当な分量ごとに見出しを立てて区分ける手法を使うのもよい。

▼原則を踏まえて実際的に　分類することで、必要な書類が取り出しやすくなるのは、その分類に規則性があるからだ。わかりやすい規則性で分類されているほど、使い勝手のよい分類となる。

とはいえ実際の活用には例外がつきものだ。あまり規則性にこだわると、かえって使い勝手が悪くなる。例えば頻繁に使われる書類や、新陳代謝の激しい書類などは、例外的な分類にした方がよい場合もある。規則性は多少乱れても、実際の使い勝手を優先させるのがよい。

2 書類を分類する考え方

二択・序列・時系列・内容別分類

書類の分類の仕方はいろいろあるが、分類の考え方を整理すると、二択式、序列・時系列、内容別に分けられる。

▼二択式分類　「はい」か「いいえ」、「○」か「×」という二者択一式の分類法だ。例えば、机の回りの書類を整理して「私用」と「社用」に分けたのも、この分類にあたる。あるいは「定期」「不定期」とか、資料を「送る」「送らない」、年齢が「二十歳以上」「二十歳未満」、経験が「有」「無」もしくは「要」「不要」など。

二択式の分類は、すべての書類を例外なく二つに分けるものだ。この場合「A」か「B」と分けると、「C」はどうする…という迷いが出てくる可能性もある。だから「A」か「A以外」と考えるのがコツだ。

例えば、人事資料を「社員」か「アルバイト」と分類すると、「派遣社員」や「パート社員」はどちらに入るだろうと迷う。しかし業務上、社会保険に加入しているかどうかが問題になるのであれば、「社会保険に加入している」か「否か」で分けると、使い勝手のよい分類になる。

▼序列分類　すべての文書を一定の基準に従って、順番に配列するのが序列分類で、例

分類法の組み合せ例

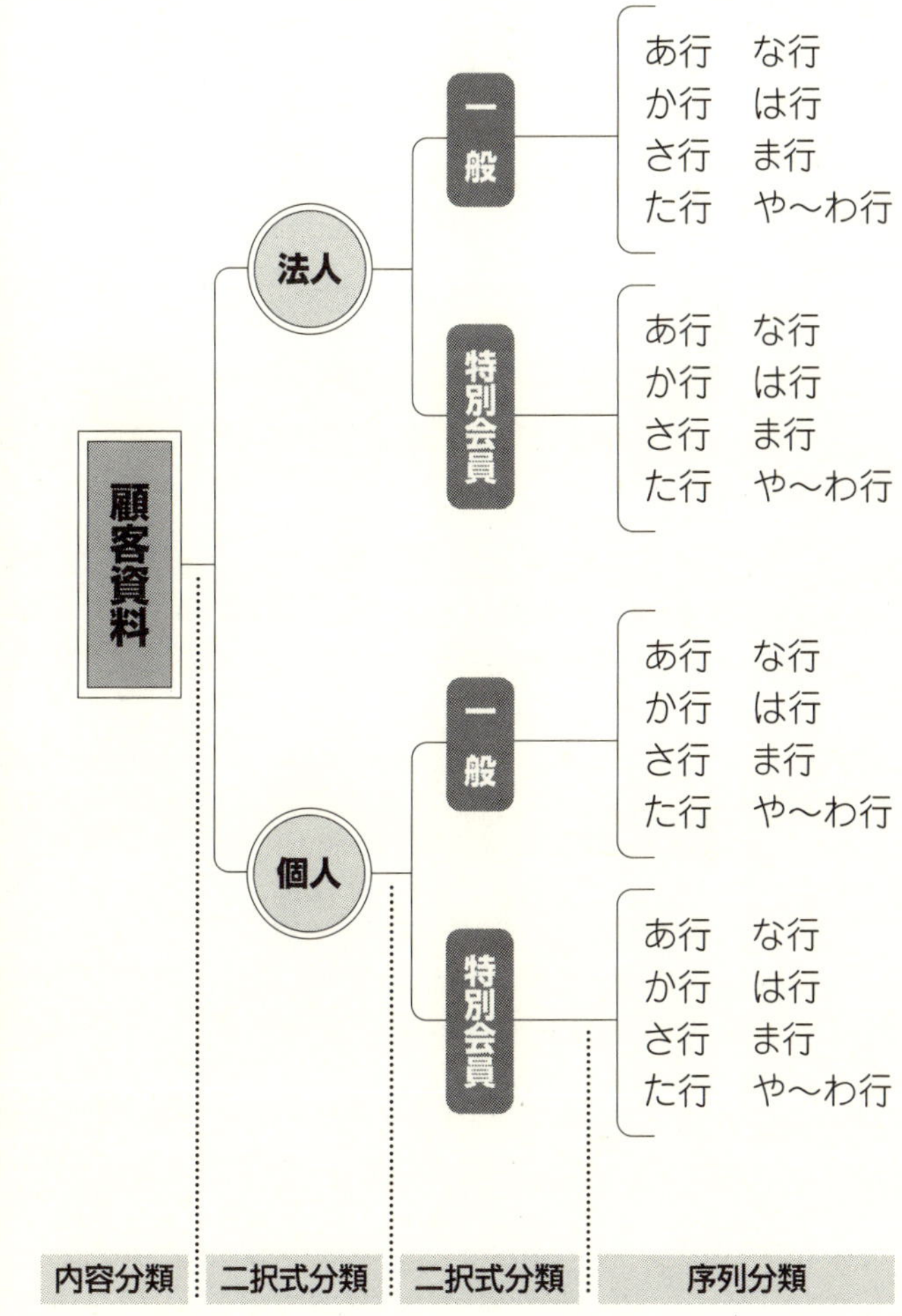
顧客資料
法人
個人
一般
特別会員
一般
特別会員
あ行 な行
か行 は行
さ行 ま行
た行 や～わ行
あ行 な行
か行 は行
さ行 ま行
た行 や～わ行
あ行 な行
か行 は行
さ行 ま行
た行 や～わ行
あ行 な行
か行 は行
さ行 ま行
た行 や～わ行
内容分類
二択式分類
二択式分類
序列分類

えば50音順がそれだ。名前や題名を50音順、あるいはアルファベット順に並べる方法で、迷わず機械的に分類できるのが利点。本の索引や名簿などの分類が典型的な例だ。また、大きく二択式や内容別に分けておいて、その中の文書をさらに50音順に並べる手法も、すでにおなじみのものだろう。

その他、地域別に分類するのも序列分類の手法だ。名簿や販売の資料なども、まず地域別に分けて整理することはよくあるし、運輸業界では郵便番号をコード化して、荷物や伝票の分類に活用していたりする。地域別の場合もやはり、もれなく機械的に分類することができる。

▼時系列分類　年月日・時間順に並べる分類法で、序列分類の一種だが、非常に活用度が高いので、別項目にしておく。

例えばパソコンで作成するファイルには、すべてに時系列情報がついている。そのファイルの作成年月日、あるいは更新年月日だ。同様の時系列情報は、紙の書類にもつけられる。例えば、議事録なら会議が行われた日付、報告書なら提出日、販売実績なら決算日と決まってくる。あるいは名刺の整理には、その名刺を交換した日付、社員名簿には入社年次、写真整理には撮影日付など。およそ時系列情報を伴わないものはない。

特に記録や集計のためのファイルはたいてい時系列で整理されている。それはその情報がいつのものなのかが、重要な基準になるからだ。

▼内容別分類　書類の内容によって分類する方法で、この内容のとらえ方には、いろいろな角度が考えられる。すぐに思い浮かぶのは、内容のテーマによる分類だが、その他、書類の形式別に分けるのも（議事録、報告書、決算書、伝票、名簿など）、やはり内容別分類だ。

詳しくは次項で述べるが、その他、企画やプロジェクトごとに分けたり、自分自身の興味を分類の柱にして関連資料を収集するのもこの分類に入るし、相手先別、営業分野別などの観点で分類する場合もある。ファイリングをする人の目的や状況、考え方によって、自由に基準を設定し、切り口を定める。自由度が高いだけに、分類のセンスを問われるものだが、使い勝手をみながら、少しずつ改善していくとよい。

また、二択式分類や序列分類のように、すべての書類を機械的に分類できないのが、この分類法だ。前項で述べたように、書類はひとつ残らず分類するのが鉄則なので、迷った場合は、とりあえず「その他」「保留」などの分類をつくって対応する。ファイリングを進めるうちに、考えが整理され、情報がそろうと、分類も整ってくるものだ。

＊

以上が基本的な分類の考え方だが、実際には、それぞれの分類法の特色を活かしながら、組み合わせて活用することが多い。分類法の活用については、この後、もう少し具体的に述べよう。

3 内容による分類の活用

相手別・テーマ別・案件別・形式別内容分類

よく「考えを整理する」という言い方をするが、何かを考える時には自ずと、頭に浮かぶ思考内容を分類して、整理している。書類を整理する場合も同様で、内容によって分類しようとするのは、ごく自然な考え方だ。ファイリングの中心となる分類法といってよい。書類内容を分類する際の主な観点を確認しておこう。

▼相手別　名刺の整理や、名簿の作成の時に、よく使う分類だ。「誰」あるいは「どの企業」に関する文書かを観点に分類する。名刺を交換した相手や取引先企業、同業のライバル社など、関連のある「相手」が分類の対象となる。

例えば、仕入れや売上げ実績の分析、あるいは市場調査やライバル会社の動向把握などを目的とするファイリングには、相手別の分類が向いている。または人事関係のファイリングでも、社員一人ひとりを分類の対象とすることが考えられる。

▼テーマ別　文書のテーマによって分類するやり方で、何について書かれた文書かが分類の観点になる。例えば、社内のファイリングを、仕事の内容ごとに「経理関係」「営業関係」「研究開発関係」「人事関係」などと、大きく分けるのもテーマ別の分類だ。

あるいは商品開発を目的としたファイリングなら、「パン焼き機」とか「カップ麺」など、具体的な商品名が分類のテーマになるだろう。こうした場合は、部内やチーム内で共有のファイリングを行う場合が多いと思う。情報の収集や処分の仕方、持ち出す時の手続きなど、あらかじめ一定のルールを決めておくと、トラブルを防げる。

また個人的な興味や関心からファイリングをする場合も、自ずとテーマ別分類になるだろう。まず自分自身の関心として、テーマを見つけることから始める。目をつけた商品そのものがテーマになる場合もあるだろうし、「癒し」とか「シルバー世代」「一人暮らし」など、抽象的なテーマになる場合もあるだろう。

想定したテーマを柱に、いろいろな角度から自由に情報をファイリングして、企画を構想したり、商品開発のアイデアを出すための材料として活用する。新聞や雑誌のスクラップの他、関連する報告書や議事録、あるいは自らの思いつきメモなども、ファイリングの対象となる。

▼案件別 具体的な案件別に分類するもので、どの企画、どのプロジェクト、どの催事かが分類の観点になる。通常の業務とは別に、独立性の強い仕事を進行させる場合のファイリングに効果的だ。

例えば、地域交流と顧客開拓を目的としたイベントを計画したとすると、このイベントの発案や計画から、さまざまな経過、完了に至るまでの、すべての情報がファイリングの対象となる。

収集する情報は企画書や議事録、報告書、決算書などの社内文書もあれば、地域住民や地方自治体に関する資料もあるだろう。さらにイベントに関連した図面や、地域との会合を記録した録音テープ、イベントの様子を記録した写真、ビデオなどもファイリングの対象だ。

その案件について、かなり雑多な情報が集まるので、集まった情報をさらに分類して整理する必要がある。ファイリング用品にしても、バインダーやフォルダーだけでなく、クリアファイルやケースファイル、ボックスなど、保管する情報に合わせて併用するとよい。

また仕事が終了して、その案件に関するファイリングの必要性がなくなったら、その時点で収集した情報を整理する。不要な書類は捨て、記録や資料として残すものを選んでファイリングし直し、日常的に使う場所から片づける。イベントや商品開発などの資料は、次の計画の時に参考資料として活用する可能性があるし、社史の資料として残す場合もあるだろう。必要な時に再び取り出せるように、邪魔にならない場所で保管する。

▼形式別　文書の形式によって分類する。例えば社内文書であれば、議事録、報告書、稟議書という具合に分けられる。あるいは、商品カタログ、定期刊行物、新聞スクラップなども、それぞれ種類別にファイリングすることになる。形式は同じでも、内容的にはさまざまだ。議事録や報告書などは、さらにテーマ別に小分類したり、題名の目次を作成しておくと、使い勝手がよくなる。

内容による分類の観点

	分類の観点	ファイリング例
相手別	「誰」「どの企業」に関する情報かを観点に分類する。	●名刺整理 ●名簿 ●取引先の資料 ●同業他社の資料 ●人事関係の資料
テーマ別	「何について」の情報かを観点に分類する。	●仕事の内容ごとの書類整理 ●個人的な興味や関心による情報整理
案件別	「どの企画」「どのプロジェクト」「どのイベント」に関する情報かを観点に分類する。	●企画に関する書類整理 ●プロジェクトに関する書類整理 ●イベント、式典に関する書類整理
形式別	「どういう文書形式」の書類かを観点に分類する。	●議事録の整理 ●報告書の整理 ●稟議書の整理 ●伝票の整理 ●カタログ、定期刊行物の整理 ●名刺の整理 ●情報のスクラップ

4 時系列による分類の活用

時系列分類は情報の価値を左右する

時系列分類は、50音順とともに、序列分類の代表的な手法で、ファイリングではおなじみの分類法だ。ただし、50音順の分類法とは大きな違いがある。

▼分類自体が意味をもつ　50音順の分類は、単に規則性に従って配列するだけのことで、一方が「あ行」に属し、他方が「か行」に属していることに、取り立てて意味はない。ところが、時系列による分類は、その分類自体に意味がある。

例えば今年の情報と、昨年の情報、あるいは数年前の情報では、情報の鮮度が違ってくる。近年では、先端技術はもちろん、世相や社会状況も刻々と変化しているので、技術や戦略を問題にする時、何年も前の情報はあまり役に立たない。逆に、過去のある時点について調査をする場合は、その該当時期の情報が意味をもってくるし、過去から現在への変化を読みとろうとする時には、特定の情報を時系列分類で並べることになる。

情報を時系列によって分類するということは、その情報に対して一定の意味を与えていることがわかるだろう。

▼情報の鮮度　必ずしも新しい情報ほど役に立つとは限らないが、新しければ、より現状にそくした鮮度の高い情報であることは確かだ。そして時系列分類で、手前に位置する

情報は、その分だけ鮮度が高い。

この理屈に着目したファイリング法に、野口悠紀雄氏が提案した「超」整理法がある。この方法では情報の新しさと、使用頻度の高さを基準にして分類する。つまり、利用価値が高いということも含めて、鮮度のよい情報が、手前にくるように配置するシステムだ。すると奥に押しやられた情報は、鮮度の低い情報ということになる。置きっぱなしでほとんど忘れられた情報が、一目瞭然にわかるというわけだ。そういう情報は「捨てる」のがファイリングの原則なので、原則に従って、棚の奥の情報を捨てる。

ファイリングの分類を、時系列分類に一元化することで、超シンプルなファイリングを実現している。

▼コード式の活用法　もう一つ、62頁で紹介した大学教授の資料整理法は、会議でもらった資料を、その日のうちにすべてドキュメント・スキャナーで電子ファイル化して、スキャナーが自動的に付加する時系列情報だけでファイルを管理する…という方法。保管してある資料が必要になった時には、手帳に書き留めてあるスケジュールとつき合わせて、その会議日と同じ日付のファイルを引き出せばよい。
このファイリング方法では、時間系列分類に意味をもたせるのではなく、むしろ資料コードとして利用している。時系列情報が、すべての文書にもれなく機械的に付加されることに着目した活用法だ。

5 大・中・小分類の活用

層別分類でファイリングを構築する

ファイリングでは、書類をいくつかにグループ化して分類するが、グループ内の書類の量が多ければ、それをさらに分類をする。このように段階的に分類を重ねることを、層別分類という。

▼層別分類の原則

例えば「商品Aの開発に関する最新の報告書を見たい」と思いついたら、まずキャビネットの「商品開発（大分類）」の引き出しを開けて、「商品A（中分類）」の見出しに目をつけ、その中の「報告書（小分類）」の見出しに続く書類群を探って、一番手前の最新日付の報告書を取り出す。

書類を探す側の視点で見れば、多量の書類群の中から、大分類→中分類→小分類という順に、各層中の該当する見出しを選んでいくと、それに伴って関係のない書類が除外され、求める書類に導かれる仕組みになっている。このように探す範囲を徐々にせばめていく方法は、書類に限らず、探し物をする時には常に用いるごく自然な動きだ。

▼分類のプロセス

ファイリングを進める場合には、どのような過程で大・中・小の分類層を組み立てるのだろう。例えば、ファイリングを始める時点で書類の量が少なければ、内容別あるいは形式別に、いくつかのグループに分類しておけばよい。そのうち、書類の量が増えてきたら、各グループ内をさらに分類して、分類層を増やしていく。新たにファイリングを始める場合には、このように「大分類→小分類」という方向で、書類群を細分化していくのが普通だ。

一方、すでに多量の書類がたまっていて、それを改めて整理する場合には、逆方向からの分類の仕方もある。まず類似した書類を集めて小分類をつくり、小分類同士で関連性の強い書類を集めて中分類をつくり、さらに中分類を集めて大分類とする。つまり「小分類→大分類」という方向で、段階的にグループ化して分類層を形成するわけだ。

どちらの手法を活用するかは、状況に合わせて選択すればよい。どちらか一方だけでなく、両方の分類法を柔軟に活用することが、上手な書類整理のコツである。

▼上層の分類ほど使い勝手を左右する

分類法はいろいろあるが、どの分類を選ぶかは、仕事の内容や使う人の立場によって違ってくる。どういう目的で書類を探すことが多いかを念頭におくことが、よい分類をするコツだ。しかも小分類よりは中分類、中分類よりは大分類（つまり、より上層の分類）の方が使い勝手を左右することを覚えておこう。

▼分類は書類の量に合わせて

分類は書類を取り出しやすくするためにしているので、書類の量が少なくて、すぐに取り出せるなら、それ以上の分類は必要ない。だから、必ずしもすべてを大・中・小分類にしなくてもよい。大分類中の書類の量が、さほど多くなければ中分類は不要だし、大・中・小分類と、大・小分類が混在していても構わない。

6 分類のための分類は使いにくい

ファイリングは仕事を助けるための手段

「分類」とは規則的、論理的なものだ。そのため、書類の分類にあたる場合も、ついつい規則性にこだわりたくなる。しかし理を通そうとし過ぎると、分類のための分類になってしまい、「必要な書類を取り出しやすくする」という本来の目的を見失ってしまう。

▼個人ファイリングは自己本位に　特に個人的なファイリングは、自分にとって使い勝手がよければ、それで十分だ。企画のアイデアを探すためのファイリングなどは、思考の展開に合わせて分類の仕方も変えればいいし、変則的でも構わない。要は思考を活性化して、アイデアを生み出すことだ。しかも忙しい合間に行っているのだから、ファイリング自体が負担になっては意味がない。

▼仮置きファイルの活用　実際、ファイリングをしていると、書類の分類に迷うことが多いものだ。どこに分類すべきか、あるいは保管する必要があるか、捨ててもよいかなど、書類を手に首を傾けることがしばしばある。

そんな時には、無理に分類せず（無理に分類すると、後でどこへ入れたかわからなくなることもある）、分類を保留して、仮置きファイルに放りこんでおくとよい。時間を置くと、情報の収集や仕事の状況が進展して、適切な判断ができることがよくある。

仮置きファイルの工夫

●フォルダー

バーチカル・ファイリングでは中分類ごとに雑フォルダーを設けて、未分類書類を収めるのが原則。中分類にも迷う書類は、持ち出しフォルダーに収め、仮置きファイルとする。

●ボックス

ファイリング・ボックスは、ポンポンと書類を投げこめる気安さが特長。仮置き用のボックスを決めて、保留書類を入れる。

●クリアーホルダー

書類の量が少なければ、クリアーホルダーにはさんで仮置きする。「仮置きホルダー」などの見出しをいっしょにはさんでおく。

●レバーファイル

レバーファイルは穴をあける必要がないので、保留書類を仮綴じしておくのに都合がよい。

7 電子文書（デジタル・データ）の分類と収納

フォルダをつくってファイルを収納

パソコンで作ったデータ（電子文書）をファイルと呼ぶ。例えばワープロソフトで文書を作成したら、ファイル名をつけ、保存場所を指定して保存する。表計算ソフトや画像ソフトの場合も同じことで、パソコンの活用が増えれば、ファイルの数もおびただしいものになる。紙の文書と同様に、パソコン上のファイルにもファイリングが必要だ。

▼ファイルの保存場所　作成したファイルの保存場所は、各アプリケーションの傘下にも用意されている。しかし、そこに保存したファイルを取り出すには、まずアプリケーションを開き、その保存場所を指定して取り出すことになる。これはちょっと面倒だ。

最も簡単に取り出せる保存場所はデスクトップ。パソコンを起動すると最初に現れる画面だ。ここに保存しておけば、直接そのファイルのアイコンをクリックするだけでファイルを開くことができる。ちょうど机の上に書類を置いておくようなもので、アクセスの手軽さからいえば、デスクトップに保存するのが最も便利だ。

とはいえ、作成したファイルを次々にデスクトップに保存すると、ファイルがいっぱいになって、必要なファイルを探しにくくなる。ちょうど書類が山積みになった机の上のような状態だ。机の上を片づけるのと同様に、デスクトップも整理しなければならない。

▼デスクトップの整理

どうやって整理するかというと、紙の文書を分類しながら、ファイル用品に収めたのと同じ要領だ。パソコンのファイルも適当に分類して、フォルダという入れ物に収めて整理すればよい。

フォルダを出すのは簡単だ。例えばウィンドウズの場合、デスクトップ上で右クリックをして、「新規作成—フォルダ」と指定すれば、新しいフォルダが出てくる。このフォルダに適当な名前をつけたら、この中に入れたいファイルのアイコンをドラックしてきて、フォルダのアイコン上に重ねれば、ファイルはフォルダの中に入る。紙文書をフォルダーやバインダーに収めるのに比べれば、実にあっけないものだ。

フォルダの名付け方は、これまで説明してきた分類法に従って考える。形式別分類なら「企画書」「報告書」あるいは「写真」「ネット情報」などというフォルダ名が考えられる。件案別分類なら「Aプロジェクト」「B企画」とか。ファイルのたまり方を見ながら、使い勝手がいいように考えよう。こうしておくと、デスクトップ上のファイルはいくつかのフォルダに整理されるので、すっきりして、他のアプリケーションソフトや周辺機器などのアイコンと紛れることもないし、保存してあるファイルの全体像も把握できる。

▼フォルダを使って層別分類

フォルダの中に、さらにフォルダをつくることもできる。だから、フォルダの中のファイルの数が多くなって混乱してきたら、関連性の強いファイルをグループ化して、一つのフォルダに収めてしまえばよい。このようにフォルダの中に、さらにフォルダを作成してファイルを整理すると、ちょうど大・中・小分類のように、層別にファイル整理をすることになる。

ただし、あまり分類層を多くすると、何度もフォルダをクリックして開くことになり、ファイルを取り出すまでのアクション数が増える。だから層別分類にせず、デスクトップ上にもう一つフォルダをつくって、分類を二つに分けた方がよい場合もある。どちらがよいかは、ファイルを開く頻度などを考慮して決めよう。

▼FD・MOの中身も整理

ファイルをフォルダに収納すると、もう一つ便利なことがある。FDやMO、CDなどの記憶媒体にバックアップをとる時、ファイルがバラバラにデスクトップ上に置かれていると、すべてのファイルを反転させてから、コピーすることになる。その点、フォルダに収めておけば、フォルダごと一度にコピーできるので、ファイルの数が多い場合には、かなり手間が省ける。

また、フォルダごとコピーすれば、そのまま分類整理された形で保存されるので、FDやMOの中身の整理にもよい。もちろん、FDやMO上でもフォルダは作れるので、保存した後で、ファイルの整理をすることもできる。

▼メールの整理

電子メールもフォルダを使って整理できる。削除できないメールでトレイがいっぱいになっている場合は、新規フォルダを作成（↓125頁）。そこへ相手別、あるいは案件別にメールを収めるとすっきりする。

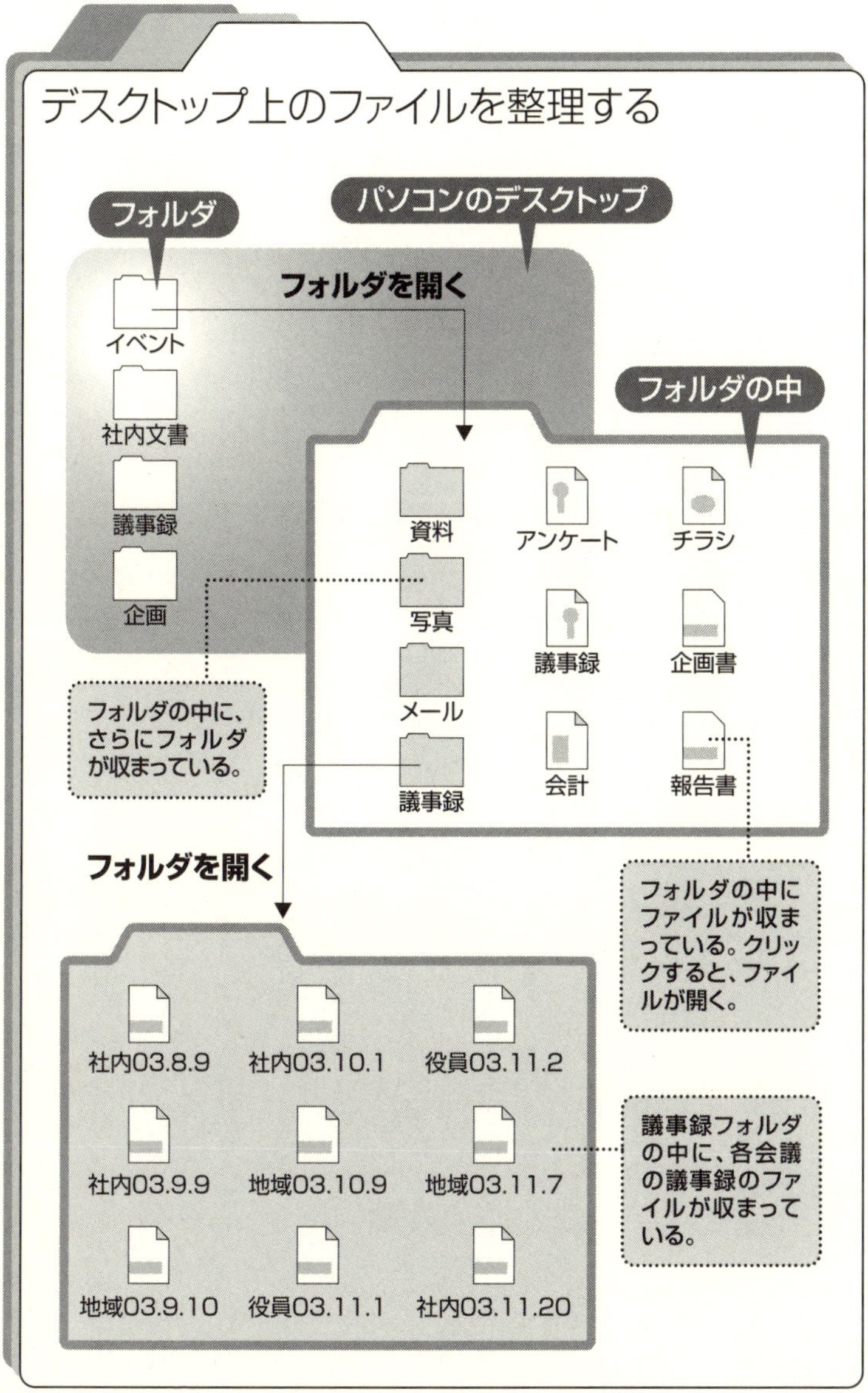
デスクトップ上のファイルを整理する
フォルダ
パソコンのデスクトップ
フォルダを開く
イベント
社内文書
議事録
企画
フォルダの中
資料
アンケート
チラシ
写真
議事録
企画書
メール
会計
報告書
議事録
フォルダの中に、さらにフォルダが収まっている。
フォルダを開く
フォルダの中にファイルが収まっている。クリックすると、ファイルが開く。
社内03.8.9
社内03.10.1
役員03.11.2
社内03.9.9
地域03.10.9
地域03.11.7
地域03.9.10
役員03.11.1
社内03.11.20
議事録フォルダの中に、各会議の議事録のファイルが収まっている。

8 電子化で検索力が飛躍的に向上

分類整理をしないファイリングも可能だが…

最近は紙文書のファイリングを、パソコンで電子化する動きが盛んだ。電子化の一番のメリットは検索力の飛躍的な向上にある。パソコンの基本的な検索機能を確認しておこう。

▼ファイルの整列　前項で、デスクトップ上の整理として、フォルダをつくってファイルを収納することを述べたが、このフォルダを開けて、「表示―詳細」をクリックすると、各ファイルが「名前」「サイズ」「ファイルの種類」「更新日時」を表示して整列する。

「名前」というのは、ファイルを保存した時に入力したファイル名だが、その他の情報は入力しなくても、自動的に登録されるものだ。そして、例えば「表示―アイコンの整列―名前順」をクリックすると、ファイル名の文字により一定の法則で順列するので、「会議1」「会議2」など、同じ書き出しで始まるファイル名はまとめられる。あるいは「更新日時順」を選択すれば、新しく更新された順に整列するので、「最近作成した（手直しした）文書」なら、最初のいくつかのファイルの中に見つけられるはずだ。

フォルダの中のファイルが多くなっても、こんなふうに整列させれば、中身の把握が容易になるし、必要とするファイルも見つけやすい。

▼通常の検索機能　「詳細」で表示されるファイル情報は、パソコンの中でファイリン

グされているので、この情報を手がかりにすれば、必要な文書を簡単に検索することができる。フォルダのアイコンを右クリックして「検索」を選択すると、検索画面が出てくるので、ファイル名の部分に、取り出したいファイル名を入力して実行すると、フォルダの中のファイルを検索して、提示してくれる。例えば「社史」で検索すれば、「社史出版見積もり」「社史編纂委員会」など、「社史」の文字を含むファイルをすべて検索するので、ファイル名がうろ覚えでも検索できる。

また、検索範囲を「デスクトップ」にすると、クリックしたフォルダだけでなく、デスクトップ上のすべてのファイルを検索するし、さらに「ハードディスク」を検索範囲にすれば、パソコンに記憶されているすべてのファイルを、あっという間に検索してくれる。ファイルをどこにしまったのか、行方不明になった…ということは、一切ないわけだ。

▼分類整理をしないファイリングも可能

さらに市販の検索ソフトを導入すれば、ファイル名だけでなく、ファイルの内容まで検索することができる。だから、内容を表すようなファイル名を登録しなくても、検索したいキーワードや文字群を指定すれば、それに適合、あるいは類似する内容をもつファイルを探し出してくれるのだ。こうなると、いちいちファイルを分類整理しなくても、ファイリングが可能になる。

ただし、情報の分類整理は、必要な情報を取り出しやすくするだけでなく、収集した情報を把握し、自分自身の思考を整理する意味もある。その点を忘れるわけにはいかない。

9 データベースの活用

身近なところでは住所録や帳簿

パソコンが、前項のような検索機能を発揮できるのは、ファイル情報をデータベース化しているためだ。データベースはすでに特別なものではなく、身近なところでいろいろと活用されている。

▼データベースとは　データベースを定義すると「一定の形式でコンピュータに蓄積された情報群で、コンピュータ処理により、多目的に利用することができる電子ファイル」となるだろうか。

難しそうに聞こえるが、例えばパソコンで作成する住所録もデータベースだ。最近は年賀状などの宛名印刷に、ワープロ付属の住所録を使う人が多い。あるいは会社の帳簿や個人の家計簿も、手書きではなく、専用ソフトや表計算ソフトを使って管理する方が、むしろ普通になっている。こうしたものもデータベースの一種である。

住所録や帳簿は、一定の形式で情報を蓄積するもので、これまではノートに罫線を引いたりして整理してきた。図書館の蔵書目録なども同様で、カード形式で図書情報を管理する。早い話が、こうした一定形式の情報をパソコン内に取りこむとデータベースになる。

▼整列・並べ替えの活用　データベース化すると何が違うかというと、まず紙書類のフ

ァイリングでは、一つの分類の仕方しか選べない。例えば、図書館のカード目録は、書名目録、著者目録、分野目録と、たいてい3種類の分類が用意されているが、分類ごとにカード一式が用意され、別々にファイリングされている。

その点、データベースなら分類の仕方を自由に変えられる。だから図書目録をデータベース化すれば、分類ごとに三つのファイルを用意する必要はない。ファイルを一つ作れば、分類の優先順は自由に選べる。著者名順でも、書名順でも目的に応じて並べ替えればいい。

▼条件検索の活用

またデータベースの場合、検索機能を使って、必要なデータだけを抜き出すこともできる。例えば住所録のデータベースに、「年賀状」という項目を作って、要不要の別を記入しておけば、年賀状を印刷する際には、「要」と入力してあるデータだけを抜き出すことができる。

お中元やお歳暮の要不要なども同様に管理しておくと便利だ。贈った品物や金額を入力しておけば次回の目安になるし、金額順に送り先を並べてバランスを確認することもできる。また最高額と、最低額のデータを抜き出すこともできる。

さらに、入力した項目が多い場合は、必要な項目だけを選んで表示することもできる。例えば、お歳暮の検討には年賀状情報は不要だろう。

▼分類項目の追加も可能

データの収集を進めるうちに、加えたい項目が出てきた場合、途中から項目を追加することもできる。住所録のデータベースに、Eメールのアドレスを加えたいと思えば、もちろん個々に入力しなければならないが、項目を加えることは簡単だ。当然、不要項目の削除もできる。

▼情報活用の幅が広がる　収集した情報を自在に分類・検索できることが、データベースというファイリングの特長だ。そのためファイリングの途中で迷うことが少なくなる。必要な項目さえ入力しておけば、分類や整列の仕方は、目的に応じていかようにも変えられるのだから。

参考資料のリストなども、書名、著者名、雑誌名、号数、出版社名、出版年、値段、図書館、請求記号など、入力のフォーマットをつくって、収集した情報を次々に入力しておけば、あとで著者別に並べたり、出版社別、図書館別など、必要に応じて並べ替えて活用することができる。さまざまな角度から情報を分類することで、情報活用の幅は確実に広がるはずだ。

さらに電子化された情報は、メールでやり取りしたり、ホームページに掲載したりすることもできる。例えば、図書館のホームページを開いて、図書目録のデータベースを利用すれば、特定の本が所蔵されているかどうかはもちろん、「2003年以降に出版されたコンピュータ関係の本」など、条件をしぼって検索することも可能だ。目的に合わせた本の探し方が、簡単に好きな時にできる。そのため図書館の活用度もグンと上がる。図書目録をデータベース化した効用だ。

データベースの分類・検索機能

書籍資料をデータベースで整理してみると…

	用途	書名	著者名	出版社	出版年	価格	図書館	請求記号	結果	備考
1件	企画A	***	***	***	***	2000	A	***	○	***
2件	企画A	***	***	***	***	700	B	***	○	購入
3件	企画B	***	***	***	***	3000	B	***	○	
4件	委員会	***	***	***	***	1200		***	○	購入
5件	企画B	***	***	***	***	1300	C	***		
6件	委員会	***	***	***	***	980	A	***	×	***
7件	企画A	***	***	***	***	1000		***	×	***
8件	企画A	***	***	***	***	20000	B	***	○	
9件	委員会	***	***	***	***	500	C	***		

▶ 分類、検索、並べ替えの条件をいろいろ出してデータを加工。
▶ 資料の収集状況を把握。今後の収集作業を検討する。

例えば…

＊資料を「用途」別に分類する。
＊「用途」別にして、さらに著者名別に分類する。
＊「用途」別にして、出版年の新しい順に並べる。
＊「出版年」が2001年以降のデータだけを検索する。
＊「図書館」別に分類する。
＊「図書館」に無記入（図書館に所蔵されていない）のデータを検索する。
＊「結果」に無記入（まだ閲覧していない）のデータだけを抜き出して、図書館別にグループ化して、請求記号順に並べる。
＊「結果」が「○」（参考になる）の資料を抜き出して、「用途」別に並べる。

10 データベースで集計・分析

集計・分析からグラフ作成まで

データベースは、情報の分類と検索を自在にするだけでなく、情報を集計する機能もある。データベースの集計機能を確認しながら、情報分析の例をあげてみよう。

▼データを数える　例えば、図書館の図書目録のデータベースで、キーワードを使ってあるテーマの本を検索したとする。すぐに該当する本が表形式でリストアップされ、そのリストの上あたりに「該当＊件」という表示が出るはずだ。検索条件に該当した本の冊数を表しているのだが、これはコンピュータが検索した該当データを数えた結果である。

データ件数を数えるという機能は、情報の分析には欠かせない。図書の検索の場合でも、該当件数が数百件もあがったりすると、もっと条件をしぼって再度検索してみようということになる。あるいはアンケート調査などの結果にしても、必ず回答件数が明記してある。収集されたデータの総件数は、情報の評価にも関わるものだ。また、データの平均値や割合を出す場合にも必要になってくる。

▼値を計算する　住所録や図書目録と違って、帳簿の場合には名目ごとに金額を記入する。合計を出すには、手書きで記帳した場合は電卓などを使って計算をするのだが、データベースなら自動的に合計することができる。

値を合計する程度の表計算機能は、ワープロにも備わっているが、データベースの専門ソフトや表計算ソフトなら、平均値を求めたり、百分率や標準偏差を出すことができる。また、規定に従って演算式をつくってやれば、独自の計算もしてくれる。

例えば会計用のソフトは、こうした演算機能を駆使して、通常の経理事務や、決算に必要な書式と計算のフォーマットを、あらかじめプログラミングしてある。だから書式に従って、出入金額を入力すれば、必要な計算を自動的にしてくれる。入力ミスさえしなければ、あとはコンピュータの作業になるので、計算間違いや転記ミスは絶対にない。一瞬にして正確な集計が出るわけだから、仕事が断然はかどるはずだ。

▼条件を加えて計算する

こうした計算機能に、分類・検索機能を組み合わせると、多角的な情報分析が簡単にできる。

例えば、最近のスーパーやコンビニのレジは、打ちこみ式ではなく、商品のバーコードをスキャンするのが普通だが、バーコードから読み取った商品情報は、そのつどコンピュータに蓄積され、データベース化されている。この売上げ商品の情報分析を仕入れや品ぞろえに活かすことを、POS（ポイント・オブ・セールス）システムという。

その日のレジ情報から、売上げ数量や金額を商品ごとに分類して集計すれば、売れ筋商品が一目でわかる。あるいは商品の売れ行きを月別に集計すれば、季節ごとの重点商品がわかる。夏にビールの売れ行きが伸びるなら、どの銘柄の動きがよいのか。銘柄ごとに分類集計して、その結果を仕入れに反映させる。こうして顧客のニーズを的確につかむのだ。

またコンビニ商戦の一つ、お弁当販売の戦略を練る場合は、お弁当のデータを詳しく分析することになる。売れ筋の献立を把握するのはもちろん、時間帯ごとの売れ行きを見れば、お昼の顧客出足は何時ごろから始まるのかがわかる。その直前に仕入れが届くように段取れば、ベストの状態で顧客を迎えられるし、夕方にもけっこう売れているなら、夕食用に再度仕入れをする作戦もある。

▼縦軸と横軸で振り分ける　さらに二つの分類を組み合わせて、集計を出すこともできる。お弁当の販売戦略で考えると、「時間帯」と「お弁当の銘柄」という二つの分類を絡めて集計する。つまり横軸に時間帯、縦軸にお弁当の銘柄を配して、時間帯ごとの、各お弁当銘柄の売上げ数の集計を出すわけだ。それで、お昼に売れる銘柄と、夕方に動く銘柄に違いが見られれば、昼と夕方では品ぞろえを変えた方がよいことになる。
また、売上げ商品のバーコードをスキャンする時に、お弁当を購入した人の性別と年齢層も入力しておけば、お弁当を購入する顧客層がわかる。それに合わせた品ぞろえを工夫すれば、新たな需要を引き出すことも期待できる。

▼グラフ化する　数字は事実を雄弁に物語るが、数字をグラフにして視覚化すると、さらにわかりやすい。表計算ソフトやデータベースソフトは、グラフ作成の機能がついている。円グラフや線グラフ、散布図など、用途に合わせたグラフを用いれば説得力も出る。

データベースの集計・分析機能

コンビニのお弁当類の売上げを分析してみる

商品＼時間	7	8	9	10	11	12	13	14	15	16	17	18	19	20	21	22
弁当A	0	0	0	0	2	6	4	0	0	0	4	8	3	1	1	0
弁当B	0	0	0	0	6	11	4	0	0	0	1	1	0	0	0	0
弁当C	0	0	0	0	1	2	1	0	0	0	0	0	0	0	0	0
おにぎり	3	1	0	0	8	10	7	2	1	0	2	4	2	2	1	0
サンドイッチ	3	2	0	0	0	3	2	1	0	0	0	0	0	0	0	0

売上げデータを、お弁当と時間帯に分類集計。

分類集計したデータをグラフ化。

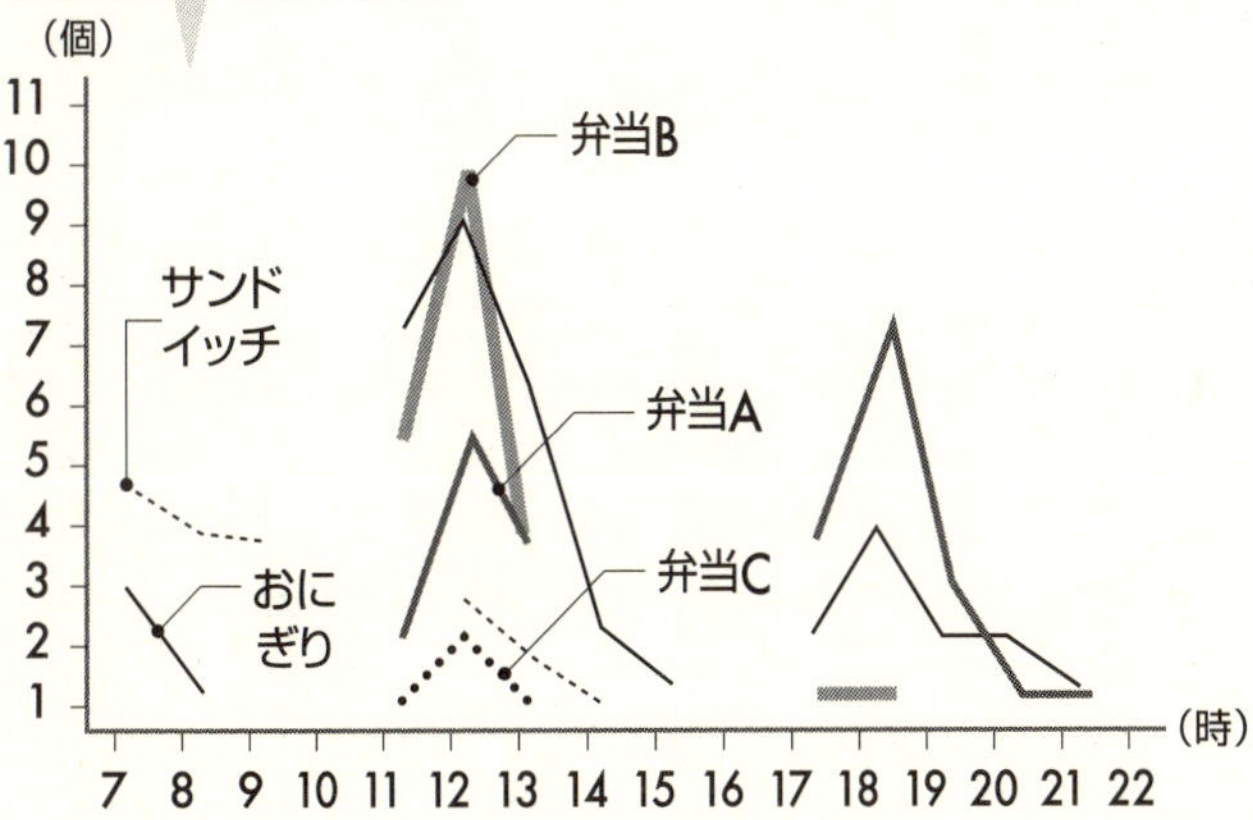

11 ネット情報の分類・検索を理解する

検索エンジンによる情報のファイリング

今や情報収集には欠かせないインターネット。ネット上には膨大な情報が蓄積されているが、その中から必要な情報を取り出すことができて初めて役に立つ。検索エンジンの働きにより、インターネットは巨大な電子ファイリングとして機能するわけだ。次に検索エンジンの分類・検索機能を見ておこう。

▼検索エンジン　検索エンジンとは、ネット情報を検索するためのデータベースで、ネット上には多数の検索エンジンが存在している。試しに「検索エンジン」と入力してキーワード検索をかけると、おびただしい件数のホームページがリストアップされる。さまざまな検索エンジンの他、検索エンジンを紹介・評価するホームページも含まれている。

検索エンジンには、総合的に広い分野の検索を行うものの他、例えばニュース、地図・旅行、ショッピング、マネー情報など、特定の分野に限ってきめの細かい検索を行うものがある。また、それぞれの検索エンジンによってデータの分類法も違うし、キーワード検索でリストアップされるデータも同じではない。目的にあった検索エンジンを選ぶと、より効率的な検索ができる。

▼キーワード検索　ネット情報の検索の仕方は大きく分けて二つある。一つはキーワー

ド検索。ブラウザ（ホームページ閲覧用ソフト）を立ち上げて最初に提示されるページにもキーワードを入力して検索する欄が設けてあるし、ツールバーの検索ボタンを押しても検索の欄が出てくる。使いたい検索エンジンがあれば、まずその検索エンジンを検索すればよい。

キーワード検索は、求める情報を表すキーワードを入力して、タイトルや内容にそのキーワードが含まれているホームページを検索するシステムだ。スペースをはさんで複数のキーワードを入力すれば、そのいずれもが含まれるホームページを検索する。

例えば、社員旅行のプランを考えるためにネット情報を調べる場合、キーワードが「国内旅行」だけでは、検索範囲が広すぎる。例えば「旅行　静岡県」と、スペースをはさんで二つのキーワードで検索してみると、情報は少ししぼられる。が、これでもまだかなり多い。そこで「ちょうど新茶のシーズンだから、茶摘み体験を楽しむという趣向はどうだろう」と考えれば「旅行　静岡県　茶摘み体験」と入力して検索してみる。三つのキーワードを提示すれば、該当するホームページの数もかなりしぼられるはずだ。

▼ジャンル検索

もう一つの検索の仕方は、ジャンル検索だ。各検索エンジンの分類に従って、大分類から下部分類へと、目的に合致するジャンルを次々に選んでいくことで、該当するホームページを検索する。ちょうどファイリングの書類探しと同じ要領だ。社員旅行の例なら、「国内∨静岡∨旅行∨観光∨農園」などと、分類をたどっていく。

ただし「茶摘み体験」の情報は、必ずしも「観光V農園」というジャンルだけではなく、例えば「静岡Vビジネス V 農林水産業 V 観光農園」というジャンルにも含まれることが考えられる。だから「静岡で茶摘み体験」という具体的な情報を探す場合には、むしろキーワード検索の方が、もれなく探すことができるだろう。

ジャンル検索は、「静岡にはどんな観光スポットがあるだろう」というような漠然とした探し方をする場合に都合がよい。

▼ノイズと検索もれ　検索エンジンを使えば、すぐに気づくことだが、必ずしも適合情報（検索目的に適合する情報）だけをリストアップしてくれるわけではない。キーワード検索のリストアップを見ていくと、中には「なぜ?」と首をひねるようなトンチンカンな情報も混じっている。こうした情報を「ノイズ」と呼ぶ。

一方にノイズがあれば、他方に「もれ」があることは容易に想像がつく。例えばジャンル検索の場合、ジャンルを選択していく途中で横道にそれてしまうと、多くの適合情報を逃すことになる。また検索エンジンによって、分類の仕方やリストアップの仕方が違うので、いくつかの検索エンジンを試してみると、検索もれは少なくなる。

さまざまな検索エンジンを活用してみると、情報分類の仕方や検索条件の示し方など、電子ファイリングを進める上でのヒントがたくさんある。電子ファイリングの場合、紙文書のファイリング以上に「分類と検索」の活かし方が鍵になる。

序

1

2

第3章

4

5

ファイリングで「情報収集」の効果を上げる！

1 ほしい情報だけを取捨選択する

不要な情報を捨てるテクニック

ファイリングとは収集した情報を整理・活用する技術だが、情報を収集する段階でも活用できる。本章では、ファイリング感覚を活かした情報収集のコツを紹介するが、まずは情報収集の姿勢を確認しておこう。

▼情報収集のアンテナ　情報があふれる現代社会。とはいえ、この情報洪水の中からどうやって必要な情報を取り出せばいいのだろう。それにはまず自分自身のアンテナを立てること、すなわち関心事や問題意識をもつことだ。ちょうどネット情報をキーワードで検索するように、関心がキーワードになって、関連情報に目が止まるようになる。また、見つけた情報は、次の情報収集の手がかりにもなる。

▼収集時に不要な情報を捨てる　ある将棋の棋士が「強い棋士とは、最善手以外の手をすばやく捨てられる人だ」と書いているのを、雑誌で読んだことがある。次の指し手が浮かぶのは、棋士であれば当たり前で、それこそ無数の手が浮かぶ。その中で有力な手筋を読んで取捨選択するのだが、ここですばやく的確な取捨選択をする能力が重要だと言っている。この感覚は、ファイリングにおける情報収集にもあてはまる。

例えば、ネット情報をキーワードで検索する場合、キーワード以外の情報はすべて捨てているわけだ。次にリストアップされた情報を眺めて、関係のない「ノイズ」情報や焦点のズレている情報を捨てる。で、役に立ちそうなホームページを開いたら、その内容によってさらに取捨する。こうしていくと、必要な情報というのは案外わずかなものだ。

わずかな情報でも、収集を繰り返していくと、すぐにたまるので、拾ったネット情報を保存しておくファイルは、ほどなくいっぱいになる。定期的に点検して、不要なファイルは捨てることが大切。もっとも電子ファイリングの場合は、収集に場所をとらないし、最近のメモリー容量は膨大なので、拾った情報をため放題にしておいて、検索用ソフトを使って、必要情報を検索するという方法もある（↓95頁）。しかし紙文書のファイリングであれば、一定量を超えると情報の活用がままならなくなる。

▼仮置きボックスの活用　新聞・雑誌のスクラップやメモ、カタログなどのファイリングには、収集の段階で仮置きボックスを活用するのもよい。分類別のフォルダーに収める前に、まず仮置きボックスに放りこんでおいて、ボックスがいっぱいになったら、再度目を通して不要なものを捨て、ここでも必要と感じた書類のみをファイルに分類するのだ。こうすれば、収集の段階で取捨選択のフィルターを二度通すことになる。

また企画や問題解決のためのファイリングなら、その情報を活用しつつ仕事を進めているはず。仕事の状況が動いたら、書類も整理しよう。ファイルの分類を変えるなら、焦点から外れた文書は処分する。ファイリングの中の「ノイズ」情報を取り除くわけだ。

2 新聞のスクラップ

手軽な情報収集だから自分に合った方法を見つけよう

新聞は新鮮な情報を豊富に提供してくれる、最も身近な情報媒体だ。手軽な情報収集の手段として、多くの人が新聞スクラップを試みている。早い話が、新聞記事の切り抜きを収集するわけだが、その人の性格や仕事柄を反映して、細かい点でやり方に違いがあるものだ。スクラップの手順を追いながら、いくつかの方法を示してみる。自身の性格や、これまでの経験に照らして、スクラップの進め方を再考してみてほしい。

▼切り抜く前の処理　どういう方法をとろうと、新聞スクラップにおいて必ずしなければいけないのは、紙名、日付、夕刊朝刊の別を明記することだ。この作業は切り抜く前にする方が、間違いがなくてよい。

また、すぐに切り抜かない場合には、切り抜く部分をマーカーで囲うなど、印をつけておく。あるいは、その面に付せんを貼っておいてもよい。

▼切り抜くタイミング　「すぐに切り抜く」か「あとで切り抜く」か、手法は二派に分かれ、それぞれに言い分がある。「スクラップしたい記事を見つけたら、すぐに切り抜くべし」と主張する理由は「後回しにすると忘れてしまう」ということだ。確かに、ズボラなタイプにはありがちなことかもしれない。計画的な行動が苦手な人は、「その時」を逃

さず切り抜いてしまうのがよいだろう。

一方の「あとで切り抜く」場合には、「あとで」のタイミングがいろいろある。例えば通勤電車の中で新聞を読んでいる場合には、当然のことながら、会社に着いてから切り抜くことになる。これはむしろ「すぐに切り抜く」と同じ感覚だ。または個人的なスクラップで、会社ではやりにくい場合は、帰宅してから切り抜く。

もっと時間をおいて、週末に切り抜く、月末に切り抜く、古新聞回収日の前日に切り抜くというやり方もある。この場合、印をつけてから時間が経過しているので、切り抜く時にもう一度記事を読み返して「やっぱり必要ない」と思ったら捨てる。前項で紹介した仮置きボックス式に、情報収集時の取捨選択を二度行うことになる。そのため、本当に必要な情報をしぼれることと、二度読むことによって記事の内容が頭に入ることが利点だ。

▼切り抜き方　新聞記事は段にまたがって、左右にずれていることが多いので、記事に沿って切り抜くと、いびつな形になることが多い。それでも構わず、記事なりに切り抜くのは、台紙やスクラップブックに貼りつけて保管する場合に多い。
一方、台紙に貼らない場合、記事の一部分が飛び出したりしている形だと、その部分がちぎれてしまう恐れがあるので、他の記事の部分も含めて四角く切り抜く。もちろん、四角く切り抜いてから、台紙に貼っても一向に構わない。

▼台紙を用いるか　台紙というのは、切り抜いた記事を貼りつける紙のことだ。たとえ

四角く切り抜いたとしても、切り抜きの形は一定しない。小さいものも大きいものもあるだろう。それではあつかいにくいので、決まった大きさ（たいていA４判）の紙に貼りつけて、大きさをそろえるわけだ。台紙からはみ出す場合は、はみ出た部分を折っておく。

この場合、台紙１枚に１件のスクラップを貼りつけ、表のみで裏には貼らないのが原則だ。１枚に２件の切り抜きを貼りつけてしまうと、別々に分類できないのでやりにくい。また、台紙は片面のみを使うので、表面を使った反古紙でもよい。

▼分類のタイミング　記事を見つけてすぐに切り抜き、そのまま分類してファイルに収めてしまうのが、最もすばやいやり方だ。一方、すぐ切り抜いても仮置きボックスに入れておき、しばらくしてから分類する手もある。分類する時に再度、取捨選択するわけだ。

中には、分類しないという手法もある。確実に仕事に必要な切り抜きは、その仕事のファイルに収め、その他は分類せずにためておく。スクラップに時間をかけたくない場合のやり方。必要な時に取り出してパラパラと眺め、「これは」と思ったら取り出す。

▼点検のタイミング　スクラップは活用してこそ意味がある。それで時々点検をするわけだが、この点検のタイミングも「定期的」と「思いついた時」に分かれる。ただし、たとえ思いついた時に点検する場合でも、新聞スクラップはあまり古くなると価値を失うので、１年ぐらいたったら一通り目を通して、必要以外は廃棄するのが妥当だろう。

▼用具の活用　ファイリング用品の活用について、主なものを次頁にあげてみよう。

新聞スクラップとファイリング用品

仮置きファイル	**クリアーホルダー**	手軽に保管できる。記事といっしょにテーマを示す紙片をはさんでおけば、わかりやすい。仮置きには便利だが、体系的なスクラップには向かない。
仮置きファイル	**ファイルボックス**	切り抜いた記事を手軽に放りこんでおき、適当な時期に分類する。仮置きには便利だが、記事の分類には向かない。
スクラップブック		スクラップの専用用品。貼りこんだ記事は順番通りに保存される。あとで分類し直すのは難しいので、1冊1テーマにしておいた方がよい。
クリアポケット		切り抜いたまま、ポケットに放りこめば、順番通りに保管される。あとで取り出して分類し直すことも可能。逆さにすると抜け落ちてしまうので注意。
バインダー		切り抜きを台紙（反古紙の裏など）に貼りつけて、その台紙に穴をあけてバインダーに綴じる。台紙1枚に1記事にすれば、あとで分類し直すことも可。
フォルダー		台紙に貼りつけて、あるいは台紙なしでも、分類別にフォルダーに収納する。取り出しは自由だし、綴じないので、ボックス感覚で手軽に放りこめる。
反古紙のボンド製本・レポート用紙		A4判の反古紙をボンド製本（→45頁）したもの、あるいはレポート用紙に順番に切り抜きを貼りつけていく。台紙とバインダーを兼ねる方式。分類しない方法に向くが、あとで切り離して分類してもいい。

3 雑誌・カタログのスクラップ

情報の取捨選択と新陳代謝を考慮する

雑誌やカタログも有益な情報源だが、次々に新しいものが出るので、ファイリングの方法を決めておかないと整理に困る。効率的な整理法を考えてみよう。

▼雑誌の完全スクラップ　バックナンバーを完全な形で保管する場合、しばらくは本棚やファイルボックスに立てておくとして、その後はマガジンバインダーを利用して、一定期間分を1冊にまとめておくのが便利だ。マガジンバインダーは、背表紙の内側に綴じ具がついていて、雑誌を1冊ずつ固定するようになっている。製本するのと違って、取り外しは自由だし、雑誌を傷つけることもなく、完全に保管できる。

しかし雑誌のバックナンバーを完全に保管するというのは、自社が発行したり、関係したりしているもの以外では、あまりないだろう。あるいは特別な必要があったり、個人的な趣味や興味でとっておきたいこともあるかもしれない。いずれにしても、どんどんたまってスペースを占領するので、保管場所や、廃棄の期限などを考えておく必要がある。

▼雑誌の切り抜きスクラップ　雑誌の内容はさまざまな上、広告も多いので、必要な部分の切り抜きをスクラップする方が効率的だろう。切り抜いたページはホチキスなどで綴じて、バラバラにならないようにしておく。雑誌の場合、各ページに雑誌名や号数が印刷

されているものも多いが、記載がなければ雑誌名、号数、発行年月日、出版社名などを記入する。

また、切り抜いた記事が偶数から始まっている場合、ページの並び順に綴じると、最初のページが切り抜き記事とは関係のない内容になってしまう。そこで最初のページを裏返して、タイトルが表になるようにして綴じるとよい。タイトルページの裏には、斜線でも引いて、スクラップ記事と関係のないページであることがわかるようにしておく。

切り抜き記事の保管法としては、分類別のバーチカル・フォルダーや、穴をあけてバインダーで綴じる、同じ雑誌の記事を集めてボンド製本などの方法が考えられる。テーマ別にフォルダーで分類する場合は、新聞スクラップといっしょに収集するのがよいだろう。

また専門誌などは、巻末の資料ページに、月間統計や記録などを一定形式で掲載している場合がある。こうした資料ページの切り抜き保存なら、バインダーに綴じるか、年ごとにまとめてボンド製本するのもよい。

▼カタログのスクラップ　展示会などで一度に多量のカタログを入手した場合には、ボンド製本が便利だが、一度製本してしまうと単独では取り出しにくいのが難点。カタログは更新が不定期なので、廃棄時期も一定ではない。そう考えると企業別、あるいは商品別にフォルダーやボックスで分類しておき、それぞれ新陳代謝させた方がよい場合もある。
またカタログには、入手日付と入手場所を記入しておくとよい。

4 書籍の収集・整理

書籍の情報は断片的でないことが魅力

情報源としての書籍の特長は、幅広く構造的な知識を得られることだ。その他の情報源としては、新聞・雑誌はもとより、最近ではインターネットが盛んに活用されている。こうしたメディアは、タイムリーな知識を端的に提供してくれる反面、情報が断片的になりやすい。その知識の背景や評価まで含めて深く理解したいなら、やはり書籍が一番だ。

▼書籍の情報を集める　雑誌に比べるとライフサイクルの長い書籍だが、新刊本は続々と出ている。「今、どんな本が話題になっているか」とアンテナを張ることは、ビジネスチャンスを広げる上でも有効だ。

それを知るには、まず新聞や雑誌の書籍広告や、書評欄に注目することだ。書評欄には、しばしば月間、週間の売上げベスト10があげられている。同様に、書店のホームページなどを閲覧すると、新刊書や話題の本がピックアップされているので、折にふれてのぞいてみるとよい。

また、実際に書店へ出向けば、もっと具体的な情報が得られる。レジ近くの一等地に平積みになっている本を眺めれば、新刊や話題の本が一目瞭然だし、そこに群がる人たちが、どの本をよく手にするか、どんな人がどんな本をレジへ持って行ったかなど、密かに観察してみるのも面白い。そして平積みの山が低くなっているのは、特に売れている本なので、自分でも手にとって内容を確かめてみるのも一興だ。さらにグルッと店内を歩き回って、各ジャンルの棚への人の集まり方を見たり、自分の好きなジャンルの品ぞろえを確認したりするのも楽しい。

もちろん購入するばかりでなく、図書館から借りるという手もある。最近はインターネットで蔵書を調べられるので、より利用しやすくなっている。

▼書籍による情報収集のすすめ 書籍は苦手と感じている人には、お気に入りの著者を見つけることをお勧めする。例えば新聞や雑誌の寄稿記事を読んで、語り口に好感を持ったり、主張や観点に信頼を感じたら、その人の著書を探してみるとよい。あるいは尊敬する経営者でもいい。著書を探してみよう。好きな人の文章なら、案外努力なしに読み通せるものだ。それで味をしめれば、その人の著書を次々と読んでみる。

また企画やレポートのために、何かの知識を求める時には、必ず同テーマで、違う著者の本を2冊以上読もう。著者によって、論点や評価に偏りがないとも限らない。

▼書棚の整理 購入した本は書棚に収め、分類整理して並べておこう。必要な本を探す時に便利だし、書棚の中をきちんと把握していれば、同じ本を2冊買うという失策をしなくてすむ。また、書籍も放っておくといつの間にか増えて、書棚がいっぱいになるものだ。やはり年に一度程度は、定期的に点検して、不要な本は処分する。

5 名刺のファイリング

人脈を情報源として活かすために

情報化社会の立て役者が、コンピュータやインターネットだとしても、情報を発信しているのは、やっぱり「人」だ。いかに世の中が変わっても、「人脈」は重要な情報源。名刺はその「人脈」の「端末」だと考えれば、名刺のファイリングは人脈の把握に他ならない。効率的なファイリングで、もてる人脈を大いに活用しよう。

▼名刺交換の後で　初対面の人と会う時には、挨拶とともに必ず名刺交換をする。交換したら、まず相手の名前をきちんと読むこと。読み方に迷ったら、名刺の裏にローマ字印刷があるかどうかを見て、わからなければ尋ねて確かめる。また、連絡先が複数記載されていれば「ご連絡はどちらへしたらよろしいですか」と聞いておくとよい。こうした質問は、初対面の緊張をほぐすきっかけにもなるものだ。

またその日のうちに、交換した名刺の端や裏に、日付と、交換場所、用件などを記入する。「電話はなるべく午前中に」など、その時に得た情報もメモしておこう。

▼ファイリング用品　名刺整理に用いるファイリング用品には、次のようなものがある。

①名刺ホルダー　名刺サイズのクリアポケット式バインダーだ。1面に名刺3枚程度が収まる小型のものと、1面に10枚ほどが収まるA4判のものが多く出回っている。ホルダ

名刺用ファイリング用品

名刺用ファイリング用品	特　徴
 名刺ホルダー	●1面3枚程度収納の小型のホルダーと、1面10枚程度収納の大型（A4判が多い）のホルダーがある。 ●小型ホルダーは携帯用に便利。 ●大型ホルダーは多数の名刺を一度に眺められる。 ●見出しガイドをはさんで業種別、あるいは関係別に分類。
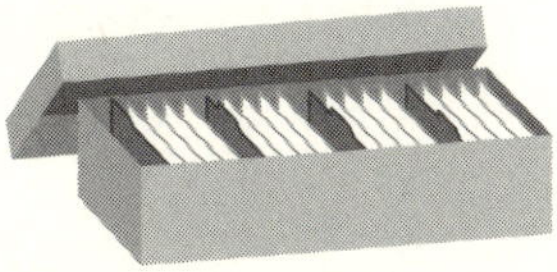 名刺ボックス	●フタ付の卓上用のボックスと、薄型で引き出しに収まるボックスがある。 ●ガイドをはさんで、業種別などに大分類して、名前あるいは企業名の50音順に並べる。 ●配列順に並べやすく、取り出しやすい分、紛失もしやすい。 ●1枚ずつしか見られない。
 ローロデックス	●360度クルクル回る仕掛けなので、名刺ボックスほど場所をとらずに、数百枚単位の名刺を管理できる。 ●中心軸に綴じられた名刺ホルダーに名刺をはさむので、名刺が紛失しにくい。 ●手軽にすばやく検索できるが、1枚ずつしか見られない。

ーを携帯したい場合や、名刺の数が少ない場合には小型のものが便利だが、名刺の数が多い場合には、一度に多くの名刺を眺められるA4判のものがよい。ホルダーの中は、見出しガイドをはさんで分類・整理する。

②名刺ボックス　カードボックスの要領で、名刺を立てて並べ、見出しガイドをはさんで整理する。机の上に出しておいてもホコリにならない、ガッチリしたフタ付のタイプと、机の引き出しにピッタリ収まる、シンプルな薄型のタイプがある。

③ローロデックス　回転式の名刺整理器具。ちょうど水車の羽のように、数百枚の名刺ホルダーが綴じられている。名刺はこのホルダーに差しはさんでファイルする。ホルダーは360度クルクルと回転するので、見出しガイドをたどって名刺ホルダーの束を回し、必要な名刺を探す。机の上に置けば、すばやく必要な名刺を探せるので、検索力に優れている。電話や発送作業などで、しばしば連絡先を調べる場合にはとても便利。

④名刺管理ソフト　パソコンで名刺整理をする場合には、名刺管理用のソフトを利用すると効率的だ。名刺専用のスキャナーがついていて、すばやく名刺の文字を読みとり、名前、住所、電話番号、Eメールなどの別に記憶して、データベース化してくれる。

▼名刺の分類　どのファイル用品を使うにしても、多数の名刺を整理する場合には、分類・整理する必要がある。50音順に並べるのが普通だが、まず業種別あるいは関係別に大分類して、その中で50音順にするのがよい。担当者の名前をど忘れしても探せるし、同じ

会社で複数の人から名刺を受け取った場合など、まとめて保管しておいた方が便利だ。

また、セールスマンの名刺はしばらく仮置きにして、必要を確かめてから分類するとよい。交流会や研修会などで、多くの初対面の人と名刺交換をした場合は、その会を分類項目にしてまとめた方が、わかりやすいだろう。会の名簿があればあわせて保管しておこう。

さらに名刺の使用頻度によって、ファイリング用品や保管場所を変える方法もある。例えば、頻繁に連絡を取るべき人の名刺は、名刺ホルダーに整理して取り出しやすくしておき、連絡を取る可能性の低い人の名刺は、名刺ボックスに保管するなど。

一方、あえて使用頻度で名刺を分けない考え方もある。いつ、どんなことで、誰の世話になるか、先のことはわからない。期待度の低い名刺を目につかないところに保管しておくと、いざという時にその人の存在を思いつかず、後悔するかもしれない。つかんだ人脈を最大限活用するには、用のない時にも目にふれていた方がよいというわけだ。

▼名刺情報の新陳代謝

どういう整理の仕方をするにしても、名刺の新陳代謝は必要だ。年賀状を書く時期などに、名刺ファイル全体を点検して、不要になった名刺は処分する。

例えば、退職や担当者の変更などで、不要になった名刺があるだろう。担当者が代わった場合は、新しい名刺をもらった時に入れ替えよう。

また、転勤や転職、転居を知らせるハガキを受け取った場合は、連絡先の書かれている部分を名刺大に切り取って、ファイリングしておくとよい。

6

手紙・ハガキのファイリング

メッセージ情報なので速やかな処理が必要

手紙やハガキは相手からのメッセージなので、必要なものには時を移さず返事をするのが鉄則。用がすんだものは捨てて、レターケースなどにためこまないようにしよう。

▼受け取った時の処理　手紙やハガキは受け取ったらすぐに読む。それが速達や内容証明郵便であればなおのことだ。目を通した時点で、不要なものは捨てる。必要なものには受取日付を記入しておこう。また、手紙は封筒から出して枚数をそろえ、封筒もいっしょにホチキスで留めておくとよい。手紙を元通り折りたたんで封筒に収めると、次に見る時にまた出して広げることになり、二度手間だろう。

▼ファイリング用品　ハガキの整理には、ハガキ専用のクリアーファイルがある。Ａ6判で1面に1枚収納するタイプと、Ａ4判で1面に4枚収納するタイプが選べる。いずれもハガキを保護しながら保管し、透明ポケットに入れたまま眺められるのが利点だ。また年賀状など、ひとまとめにしておく場合にはハガキケースがよい。ハガキ大のケースファイルだが、中仕切りがついて分類できるものもある。

一方、手紙専用のファイリング用品は特にないが、Ａ4判のクリアーファイルに収めれば、ハガキ同様に整理できる。またパンチで穴をあけて、バインダーに綴じてもよい。

▼**種類別の処理と整理**　届いた手紙やハガキの趣旨によって、処理や整理の仕方を考えてみよう。

①**案内状**　セミナーや講演、催し物などへの案内や誘いは、必要なら日程を確認して申し込み、案内状は仮置きファイルに保管しておく。返事を保留するなら、目につくところに仮置きして、カレンダーに返事の期限を書きこんでおくとよい。往復ハガキで出欠を尋ねている場合は、欠席でも返信を出すこと。新製品の案内などは、必要なら保管する。仮置きファイルに入れておくか、そのテーマのファイルがあるなら、いっしょに収める。

②**移転・転勤などの通知状**　新住所が書かれた部分を切り取って名刺ファイルなどに保管する。住所録の訂正は後回しにせず、なるべくその時にしてしまおう。必要なら返信を出す。また回覧が必要なら、クリップボードなどにはさみ、「回覧」と表示して回す。

③**年賀状**　出していない相手から届いた場合には、すぐにこちらからも出す。年賀の挨拶とともに、移転などの知らせがある場合は、②と同様の処理をする。その年の年賀状はひとまとめにして1年間は保管し、年末に年賀状を出す時の参考にする。また、喪中欠礼のハガキが届いたら、仮置きファイルなどにひとまとめにして、年賀状を書くときに必ず確認する。年が明けたら、その年の年賀状といっしょに保管する。

④**返事が必要な手紙**　返事が必要な場合は、なるべく早く返信する。返信した手紙には、返信を出した日付を記して、念のため2週間くらいは仮置きファイルに保管しておく。

7 メールのファイリング

メールやアドレスもフォルダを用いて整理する

メールによる連絡は、社内でも社外でも、すでに日常的になっている。それだけに、メーラーの受信トレイや送信トレイは、すぐにいっぱいになる。アドレス帳も同様だろう。不要なデータを削除するのはもちろんだが、保存しておきたいデータだけを残しても、かなりの件数になるなら、やはりメールにもファイリングが必要だ。

▼件名のつけ方の工夫　メールにつける件名を、グループ化してつけると、あとで整理しやすい。例えば「企画A・第1回会議予定」というメールを送ったら、以後、関連情報を送る際には「企画A」という見出しを頭につけてから、「・第1回議事録」とか「・研究報告1」などの件名をつける。すると受信トレイや、送信トレイの中で「企画A」を目印に、他と区別しやすいし、並べ替えや検索をかける時にも利用できる。

▼デスクトップ上のフォルダへ移動　例えば、特定の案件に関するフォルダがデスクトップ上に作ってある場合、その案件に関するデータは、メールまで含めてすべてこのフォルダに集めておくという考え方もある。メーラーがアウトルックエクスプレスの場合、その案件のメールを反転させて「ファイル―名前をつけて保存」をクリック、保存場所にそのフォルダを指定してやればよい。そのメールはデスクトップ上のフォルダへ移動する。

▼メーラー上に新規フォルダを作る

メーラーの中で分類・整理する場合には、新規フォルダを設けて分類する方法がある。分類の仕方は「案件別」でもいいし、「相手別」でもよい。あるいは「メーリングリスト」や「メールマガジン」のメールを別フォルダに集める手もある。

新規フォルダをつくる場合、アウトルックなら「ファイル―フォルダ―新規作成」をクリック、フォルダをつくる位置を指定して、フォルダ名を入力して実行する。あるいはレイアウトでフォルダの一覧を表示しておいて、フォルダの一つを右クリック、「新規フォルダ」を指定してもよい。

なお、新規フォルダにメールを移す時には、検索機能を使うと効率的だ。「編集―検索―メッセージの検索」をクリックして、検索画面を呼び出せば「送信者」「宛先」「件名」などから検索し、抽出したメールを反転させて「編集―フォルダへ移動」を選択し、移動したいフォルダを指定して実行すれば、いっぺんに移る。

またメーラーには、送信者のアドレスなどにより受信メールを自動的にフォルダへ振り分ける機能もある。アウトルックの場合「ツール―受信トレイアシスタント」で設定する。

▼アドレス帳の整理

通信相手が増えるとアドレス帳もいっぱいになる。新規フォルダを作って、アドレスをグループ化しよう。また、特定メンバーに繰り返し同報メールを送る場合は、ツールバーから「新規作成―新規グループ」を開き、メンバーを登録しておく。

8 インターネットで情報を収集する

ネット情報は玉石混交・有用な情報を選択しよう

インターネットは手軽に利用できる豊富な情報源だ。この便利なサービスを利用しない手はない。ネット情報を検索する要領については、すでに104頁でふれているので、ここではネット情報を収集する際の留意点を整理しておこう。

▼ネット情報にも間違いはある　公開された情報に間違いがあることは、何もインターネットに限ったことではない。新聞、雑誌、書籍はじめテレビ、ラジオなどのメディアが流す情報にも、間違いが混じることがある。「これは本当だろうか」と情報を吟味する姿勢は、情報化社会において常に心がけるべきものだ。

ただし他のマスメディアの場合は、情報が公開される前に複数の人間のチェックを受ける。例えば書籍なら、著者以外の人（例えば編集者や校正者）が校閲や校正をしている。ところがインターネットでは、特に個人サイトの場合は、個人的に作成された情報がノーチェックで掲載されるのが普通だ。ときどき「掲載する内容に間違いがあったとしても、一切の責任を負いません」という但し書きを見るが、これは非常に親切な注意であって、読む側はよくよく自覚すべきだろう。

たまたま、専門家の書いた文章を読んでいて、ある映画の監督名が間違っていることに

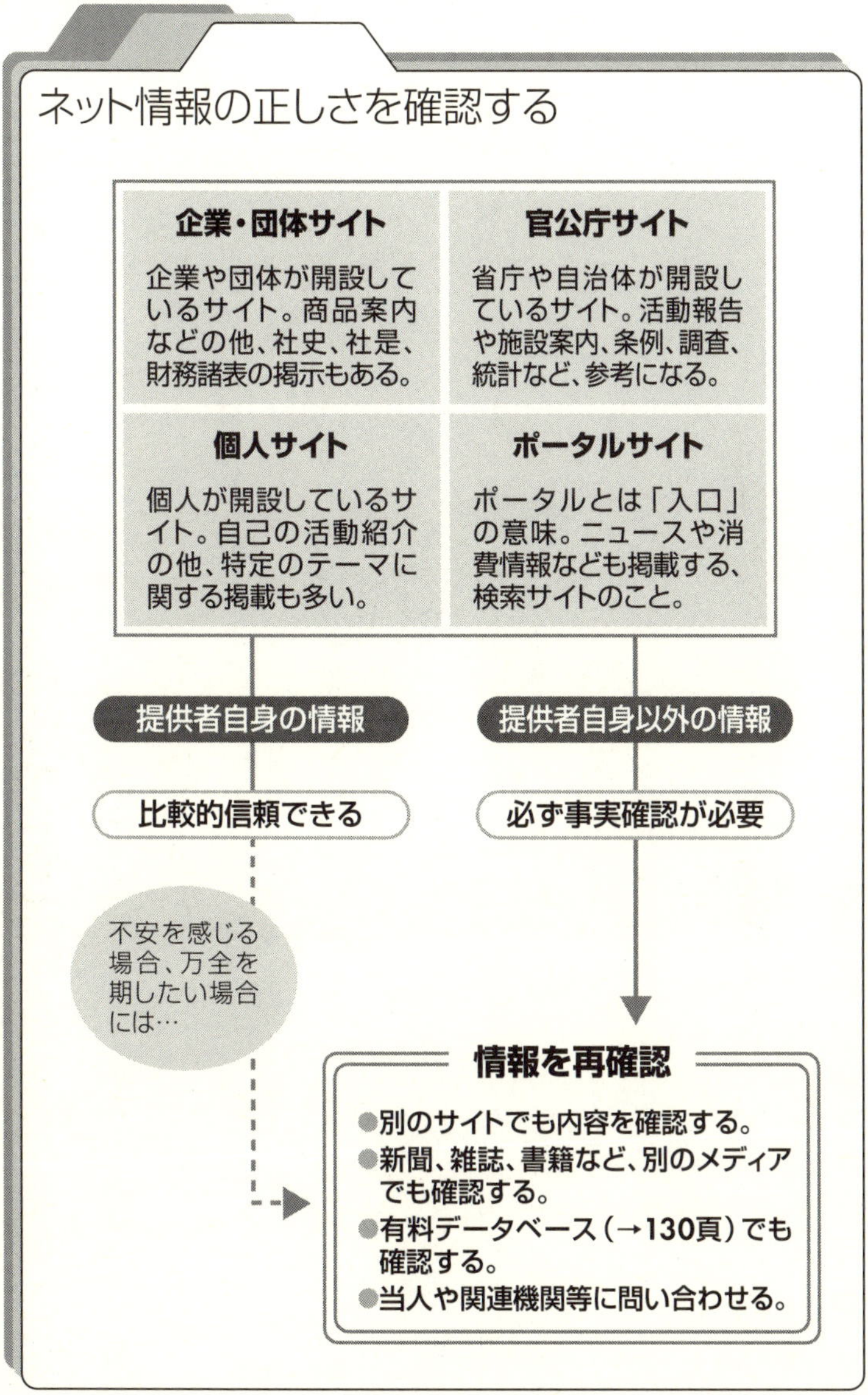
ネット情報の正しさを確認する
企業・団体サイト
企業や団体が開設しているサイト。商品案内などの他、社史、社是、財務諸表の掲示もある。
官公庁サイト
省庁や自治体が開設しているサイト。活動報告や施設案内、条例、調査、統計など、参考になる。
個人サイト
個人が開設しているサイト。自己の活動紹介の他、特定のテーマに関する掲載も多い。
ポータルサイト
ポータルとは「入口」の意味。ニュースや消費情報なども掲載する、検索サイトのこと。
提供者自身の情報
提供者自身以外の情報
比較的信頼できる
必ず事実確認が必要
不安を感じる場合、万全を期したい場合には…
情報を再確認
●別のサイトでも内容を確認する。
●新聞、雑誌、書籍など、別のメディアでも確認する。
●有料データベース（→130頁）でも確認する。
●当人や関連機関等に問い合わせる。

気づいたことがある。この時、ネット情報で確認してみたのだが、キーワード検索で最初にリストアップされたホームページを開くと、この筆者と同じ間違い方をしていた。多分、筆者はこのページを参照したのだろう。せめて複数のサイトを参照していれば、間違いに気づいたはずなのに…。便利に甘えると、手痛い失敗をしかねない。

▼自身を語る情報は信頼できる　ネット情報において比較的信頼できるのは、自身を語る情報である。例えば企業のホームページが掲載している、自社商品の情報や社史、社是、経営計画、財務諸表などは、間違いがあっては信用に関わるので、社内で何度もチェックしているはずである。

あるいは官公庁や団体の広報や統計、記録なども責任をもって掲載しているものなので、まず信頼できる。実際、省庁の調査報告などの入手は、ずいぶん手軽になった。以前ならわざわざ出向いたり、担当者に依頼してファックスや郵送してもらうなど、ずいぶん手間がかかったものだ。それが今は、ホームページから簡単にダウンロードできる。

▼名前の検索　書名や、著名人の名前などを確認したい場合にも、インターネットは便利である。名前をキーワードに検索したり、また著名人は著書を出版していることが多いので、書店のホームページを開いて検索してみると、確認できることが多い。

そこで得た情報は再確認の手がかりにもなる。例えば出版社名がわかれば、その出版社のホームページを開いて、出版物の検索をして確認する。あるいは著者が大学教授とわかれば、その大学のホームページを開いて、教授のプロフィールを検索してみるとか。もちろん書籍や新聞、雑誌など、他のメディアで確認するのもよい。

▼有用なサイトを登録しておこう　仕事上よく使うサイトや、使ってみて役に立ったサイトは「お気に入り」として登録しておくとよい。いちいち検索する手間が省けるし、登録サイトの内容更新を自動的にチェックしてくれる機能もある。

お気に入りサイトの登録は、インターネット・エクスプローラーの場合、登録したいホームページを表示した状態で、メニューバーから「お気に入り―お気に入りに追加」をクリックする。お気に入りの追加ダイアローグには「このページを購読しますか」という問いが表示されるが、この場合の「購読」というのはお金を支払うことではなく、「そのページを定期的に閲覧する」という意味だ。

登録すると「お気に入り」ファイルの中に、そのホームページのアドレスが登録され、そこをクリックするだけで開くようになる。登録名がわかりにくい場合は、「お気に入り―お気に入りの整理」をクリックして、わかりやすい名称に変えることもできる。

また、「お気に入り」の登録サイトが増えてきたら、グループ化してフォルダに収めてもよい。この場合は「お気に入りの整理」をクリックしてダイアローグを表示し、右上の「新しいフォルダ」のアイコンをクリック、新しいフォルダを出して名前をつける。このフォルダに入れたいサイトは、ドラッグして、フォルダのアイコンに重ねればよい。

9 ネット上のデータベースを活用する

有料・無料のさまざまなデータベースを用途によって使い分ける

データベースとは、すでに2章（↓96頁）で述べた通り、一定形式でコンピュータに情報を蓄積した電子ファイリングをいう。さまざまなデータベースがホームページ上に掲載され、多くのインターネット利用者に活用されている。

▼ネット上のデータベースの種類　そもそも検索エンジンからして、データベースである。インターネットの利用は、データベースなしには立ち行かない。身近なところでは、ネットショップで商品を探すシステムもデータベースだし、地図や目的地探しもデータベースによるものだ。また、図書館のデータベースで蔵書の検索をすれば、かつて図書目録カードをめくって本を探した経験と引き比べて、つくづく便利になったと感じる。

その他、各分野の研究機関や協会などにより、専門の情報を収集したデータベースも数多く出回っているし、個人によるものも少なくない。さらに利用者の需要を考えて、構築された商業用のデータベースもたくさんある。経済産業省では、毎年「データベース台帳総覧」を取りまとめて公表しているので、参照してみるとよい。

▼有料データベース　ネット上のデータベースには無料で利用できるものと、有料のものがある。もちろん、無料で利用できるものの中にも有用なものは多い。ただ、有料のも

のは商業ベースで構築されている分、より厳しく情報の価値が問われる。つまらない情報にお金を出すユーザーはいないので、有料にするだけの商品価値や、情報に対する責任をふまえているはずである。

有料の場合、料金設定はさまざまだ。月額百数十円の低料金もあれば、１件何千円という高価なサービスもある。利用システムも会員制であったり、入会手続きなしにすぐ利用できる場合もあるし、支払い方法も、利用後に郵便振替や銀行振り込み、クレジットカードで引き落とす場合などさまざまだ。中には特定のプロバイダと契約しないと利用できない場合もある。その場合は、プロバイダへの接続料金といっしょに利用料金を引き落とすシステムになっていることが多い。

▼活用の要領　新聞記事データベースはじめ、市場情報や研究・調査情報など、さまざまな分野のデータベースがあるが、活用の仕方はほとんど同じ。検索をかけて必要な情報を引き出すわけで、２章で紹介したネット情報の検索（→１０４頁）の要領だ。ジャンル検索とキーワード検索を組み合わせて、検索条件を入力することになる。

ただし必要な情報を引き出すのは、場合によって案外難しいこともある。特に専門的なデータベースを利用する場合、引き出したい情報をしっかりしぼりこんでいないと、うまく検索できない場合も多い。ある程度、基本的な知識を調べておく必要も出てくる。的をしぼった検索をしないと、いたずらに時間とお金を浪費するはめになるので要注意。

10 ケータイ・PDAのネット機能を活用する

携帯情報端末ならではの活動的なネット利用

インターネットは、ケータイやPDAなどの携帯情報端末でも利用することができる。小型でポケットやカバンに入れて持ち歩く端末は、移動中の電車や路上で利用することが多い。外出先の行動に伴う情報収集に、ぜひ活用したい。

▼携帯のネット機能　ケータイは通信基地や人工衛星を介して、電波情報をやり取りする通信システムだが、その通信網を使ってインターネットに接続することができる。

主に外出先での利用が想定されるので、交通機関の時刻表や乗り換え案内、座席予約、あるいは道路情報や地図、ホテルや店の検索、銀行・クレジットカードの利用など、活動をサポートする情報が豊富だ。その他、ニュースや音楽、ゲームなどの配信サービスもあるし、「Ｙａｈｏｏ！」や「ｇｏｏ」などの検索サイトも対応している。

また、パソコンのネット関連機能と同様に、お気に入りのホームページを登録しておくこともできるし、保存した情報をフォルダで整理することもできる。

▼GPS携帯　出先で地図を利用する時には、まず自分自身の現在位置はどこかを知りたい。せっかく地図情報を入手しても、自分の位置確認を誤ると、とんでもない所へ行ってしまう。例えば、カーナビが道案内をできるのは、現在位置を認識しているからだ。で

は、何によって位置を知るかというと、GPS衛星による。

GPSとはグローバル・ポジショニング・システムの略で、地球のあらゆる場所を測位するシステムだ。ごく簡単にその仕組みを説明すると、アメリカが打ち上げた24個のGPS用の人工衛星が、地球を囲んで配置されていて、そのうち4個以上の衛星から同時に電波を受けることによって、受信機の位置を測位する。このGPS衛星の電波を受信する機能をケータイに付属させたものが、GPSケータイだ。

するとGPSケータイを持つことで、自分の位置を確認することができるわけだ。あるいはGPSケータイを持っている人の位置を、別のケータイやパソコンのインターネットによって把握することも可能。すでに、そうしたサービスも行われている。例えば介護サービスや、交通機関のサービス（バスがどこを走っているか、空のタクシーがどこを流しているか）など、ビジネスにも活かされている。

▼PDAのネット機能

PDA（パーソナル・デジタル・アシスタント）とは、電子手帳から発展した小型の携帯用パソコンだ。ケータイはやはり電話機なので、パソコン機能ではPDAの方が充実しているし、モニター画面も大きい。

中には通信機能を内蔵しているタイプもあるが、多くは通信機能を後から付加して、インターネットを利用できるようにする。ケータイと同様に、外出先での情報収集に活用すると便利だ。

11 メモのとり方にもファイリング感覚を活かす

メモは要点を簡潔に・後で見直すことを忘れずに

メモは情報を収集・整理するための最も手軽な方法。仕事をする中で、メモをとる場面は日常的に出てくる。ファイリング感覚を活かした効率のよいメモ術を身につければ、頭の中がスッキリ整理されて、仕事の段取りもバッチリだ。

▼メモをとる目的　「忘れるためにメモをとる」という言い方をよくする。何でもかんでも記憶するのは無理だから、必要なことはメモをとってすぐに忘れる。だから「忘れるためにメモをとる」というわけだ。裏を返せば「後で思い出すため」のメモである。

例えば、上司から仕事の指示を受けた時、顧客から注文を受けた時、電話などで伝言を受けた時、申し送りをする時、打ち合わせや会議の時、買い物や用足しに出る時（買う物、片づける用事のメモ）、あるいは何かアイデアがひらめいた時、ヒントになる言動を見聞きした時など、メモをとる機会はいくらでもある。

いずれにしても、メモは後で思い出して、活用することを目的にとるのだから、その活用に便利なように工夫することが肝心だ。

▼メモ用紙の選択　メモといえば「ササッと書きとめる」のが普通だが、まず「何に書きとめるか」という選択肢がある。もちろん、何のためのメモかによっても違う。例えば

すばやくメモをとるコツ

いつ、誰から受けた指示か明記

9/4 (部)より
◎メ社との取引見積りまとめ(9/15まで)
★最低でも30本以上確保
・前回実績?
・前任はハマ
↓
9/12 ㋯((部)、ハマ、経理(部)) → 13:00でOK?
9/16 役員会((部))
↓
9/17 17:00〜藤/上コース
4名(㊓(部)、メ社2) ― すぐ予約!

記号・略語で簡潔に、要点強調

例えば…
◎=案件
★=重要
?=疑問
!=要確認
㊓、(部)=社長、部長
ハマ=浜田など同僚の名前の略。
メ社、藤=メディカルブレイン社、藤吉など。取引社名やよく使う店名を略。
㋯=ミーティング

図式化

矢印などを使って図式化すると、簡潔に内容の整理ができる。

暗号の利用

例えば、1本が100万円なら30本で3000万円など。

伝言メモならば、社内で書式を決めて用紙を作っている場合も多い。①誰宛に、②何時何分、③どこの誰が、④電話あるいは来訪して、⑤どういう伝言を残したか、⑥返事の要不要、⑦受けたのは誰か…などの記入欄があって、伝言漏れのないように工夫されている。

メモ用紙はメモの内容と、その人の好みによって選択する。大別するとノート・手帳類と、レポート用紙・ブロックメモ（切り離せる）・カード・付せん類…に分けられる。つまり綴じてあるか否かだ。これはバインダーとフォルダーの特徴と同じで、綴じてあれば散逸を防げるし、綴じていなければ分類がしやすい。

例えばこんな使い方はどうだろう。手帳にはスケジュールに関するメモを集め、ヒラメキなどはカードや付せんにメモする、また、会議やミーティングのメモはレポート用紙かルーズリーフにとり、後で内容ごとにファイリングする。

ただし、使い勝手の感じ方は人それぞれ。ファイリングが苦手で、書類をよくなくすタイプなら、むしろすべてのメモを手帳に収め、会議などでもノートにメモした方がよいだろう。自分にとって使いやすいことが一番だ。試しながら自分の型を確立しよう。

▼メモをとる技術

メモをとる時の鉄則は「すばやく簡潔に」書くこと。ただし「後で読んでわかること」を忘れてはいけない。慌ててなぐり書きをしたために、自分が書いた字なのに読めなくて困った。誰しもそんな経験があるはずだ。意識して試してみるとわかるのだが、なぐり書きは必ずしも速いとは限らない。むしろ気持ちの焦り、あるいは「面倒くさい」という意識がなぐり書きを誘うもの。メモは冷静にとることを心がけよう。

すばやくメモをとるコツは、①要点を箇条書きにすること、②矢印などで図式化すること、③**略語を活用すること**。特に場所や人、物などの固有名詞、日付、数量などは正確にメモすることが大切だ。話を聞きながらメモをとる場合は、最後に、メモした数量などを再確認して、間違いのないことを確かめるとよい。

「略語」とは135頁に示すような記号や略称のことだ。特に決まりはないので、自分がわかるように決めておけばよい。また、他者に知られたくない内容のメモには、暗号を使うと安心だ。万が一、手帳を落として中を見られるようなことがないとも限らない。

▼メモのファイリング　メモは後で思い出すための覚え書きなので、見直しが必要だ。忘れないためにメモをとって、そのメモを見るのを忘れては元も子もない。手帳に書きこんだスケジュールなどのメモは、仕事を終える時、始める時など、確認のタイミングを決めておくとよい。

また、伝言や申し送りなどのメモは、できるだけ早く処理し、必要がなくなったら捨てよう。とっておく必要があれば、他の書類といっしょにファイリングしておく。メモした用紙が小さい場合は、A4判の用紙に貼りつけてからファイルすると紛れない。

ヒラメキや役に立ちそうな情報メモは、仮置きボックスなどに放りこんでおいて、たまったら見直す。それで不要だと思ったら捨てて、必要ならフォルダーなどに分類する。

12 手帳・ノートの活用

スケジュール管理とメモの定番小道具

前項で述べたように、メモは身近で手軽な情報収集・整理の手段だ。細かいメモの積み重ねが仕事を成り立たせることを考えれば、メモの活用は重要。メモをとる道具に焦点をあてながら、効率的なメモのファイリングを考えてみよう。

▼使いやすい手帳の条件　メモといえば、まず思い浮かぶのが手帳。胸ポケットやカバンに入れて常に持ち歩く手帳は、なくてはならないメモ用品だ。手帳は普通、①スケジュール管理、②住所録、③メモ、④その他の要素で成り立っている。

スケジュール部分については、巻頭に1カ月/1ページ程度で月間スケジュール表があり、続いて1週間/見開き2ページ（1ページは日程、次ページはメモ）程度の日程表になっている。このようにゆったりとスケジュールのページをとっているものが使いやすい。

それから空白のメモ帳ページがいくぶんあって、巻末には鉄道やバスの路線図などがついていたりする。また、住所録は別冊になっているタイプが便利だ。年が変わるごとに、前年の手帳に記入した連絡先を書き写すのは手間なので、翌年も同じ型の手帳を買って、住所録は何年か使い回せばよいだろう。

こうした手帳には、スケジュール関係のメモを中心に集めるとよい。1週間の日程の隣りページはメモになっているので、連絡事項程度ならそこに書きこめる。メモ帳ページもあるので、思いつきや、報告事項などのメモも記入できるが、すぐにいっぱいになってしまう。会議や報告、思いつきなどのメモは、別のものにした方がよいだろう。

▼システム手帳

メモを1冊の手帳に集中したいと思うなら、システム手帳が最適。手帳サイズのリング式バインダーで、リフィルを自由に入れ替えられる。普通の手帳と同じように、スケジュール管理、住所録、そしてメモと、何種類かのリフィルが綴じられている。また、中仕切り見出しのリフィルをはさんで、テーマ別に分類することも可能だ。

ただし、手帳は持ち歩くものなので、なるべく薄くて軽いことが望ましい。だからメモ部分のリフィルは、あまりたくさん綴じこまない方がよい。それで連絡でも、報告でも、アイデアでも、1枚に1件で順番にメモしていって、残り少なくなったら、書いた分は取り外し、新しいリフィルを綴じておく。リフィルを新陳代謝させるわけだ。取り外したリフィルは仮置きボックスに移し、たまったら見直して取捨選択した上で、分類整理してファイルするとよい。

また、巻頭に月間スケジュールがついていれば、週間スケジュールのリフィルは前後1カ月程度の、一定期間だけを綴じておいてもよいだろう。何カ月も前、あるいは何カ月も先の細かいスケジュール表はあまり必要ないはずなので、手帳からは外して別にファイルしておけば、その分手帳は軽くなる。

▼電子手帳・ＰＤＡとの併用

住所管理やスケジュール管理の効率は、電子手帳やＰＤＡなどの携帯情報端末の方が優れているので、この二つの機能は端末に振り分けてしまう手もある。すると、手帳に求められるのはメモ機能だけにしぼられるので、軽くなった手帳を存分に活用してメモ魔になる…というのもいい。

もちろん、情報端末にもメモ機能はあるが、やはり紙に書くのが自由で手軽だ。

▼ノートの活用

手帳に求められる機能がメモだけなら、ノートを活用してもよい。実際、会議や取材の記録をとるなら、小型の手帳よりもノートの方がずっと書きやすい。カバンに収まりにくくならないように、Ａ５判などのサイズがいいだろう。

手帳代わりのノートなら、あれこれ用途を分けず、１冊を常に持ち歩いて、何でもメモしてしまう。ただし、アイデアやヒラメキを１行、２行メモしたい場合には、ノートに書くより、メモ用の大きめの付せんに書いてノートに貼っておく方が処理しやすいだろう。

また「会議」とか「上司の指示」など、目印がほしい場合には、インデックスシールを貼っておくとわかりやすい。ノート１枚の裏表に別の案件を書かないようにしておけば、使い終わった後で切り離し、必要なページだけをファイリングし直すことも可能だ。

すでに述べてきたことだが、ノートのよさは散逸しないこと。常に１冊のノートを管理するだけならば、紛失や混乱とも無縁だ。忙しくて、書類整理に時間を割けない人には、意外に便利なシンプル・ファイリングかもしれない。

手帳とノートのメモ活用

システム手帳の新陳代謝

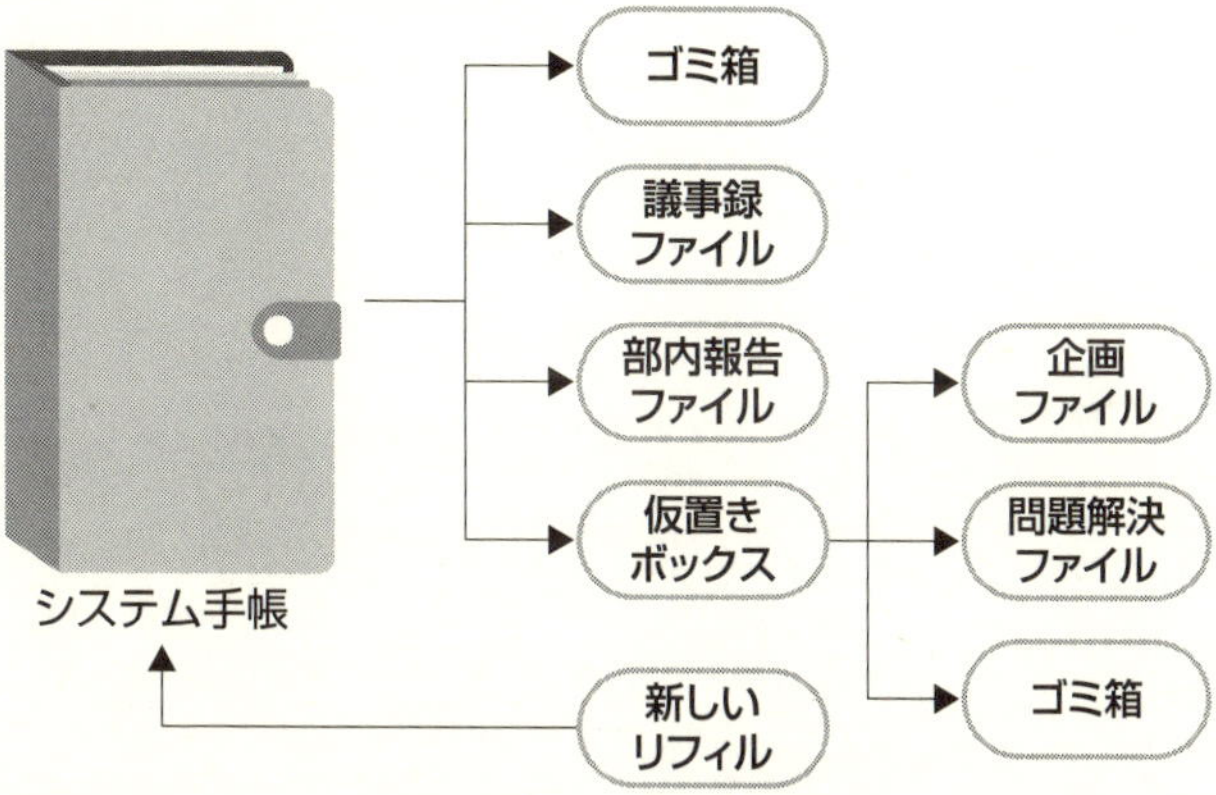
システム手帳
ゴミ箱
議事録ファイル
部内報告ファイル
仮置きボックス
新しいリフィル
企画ファイル
問題解決ファイル
ゴミ箱

インデックスシールでノートの分類整理

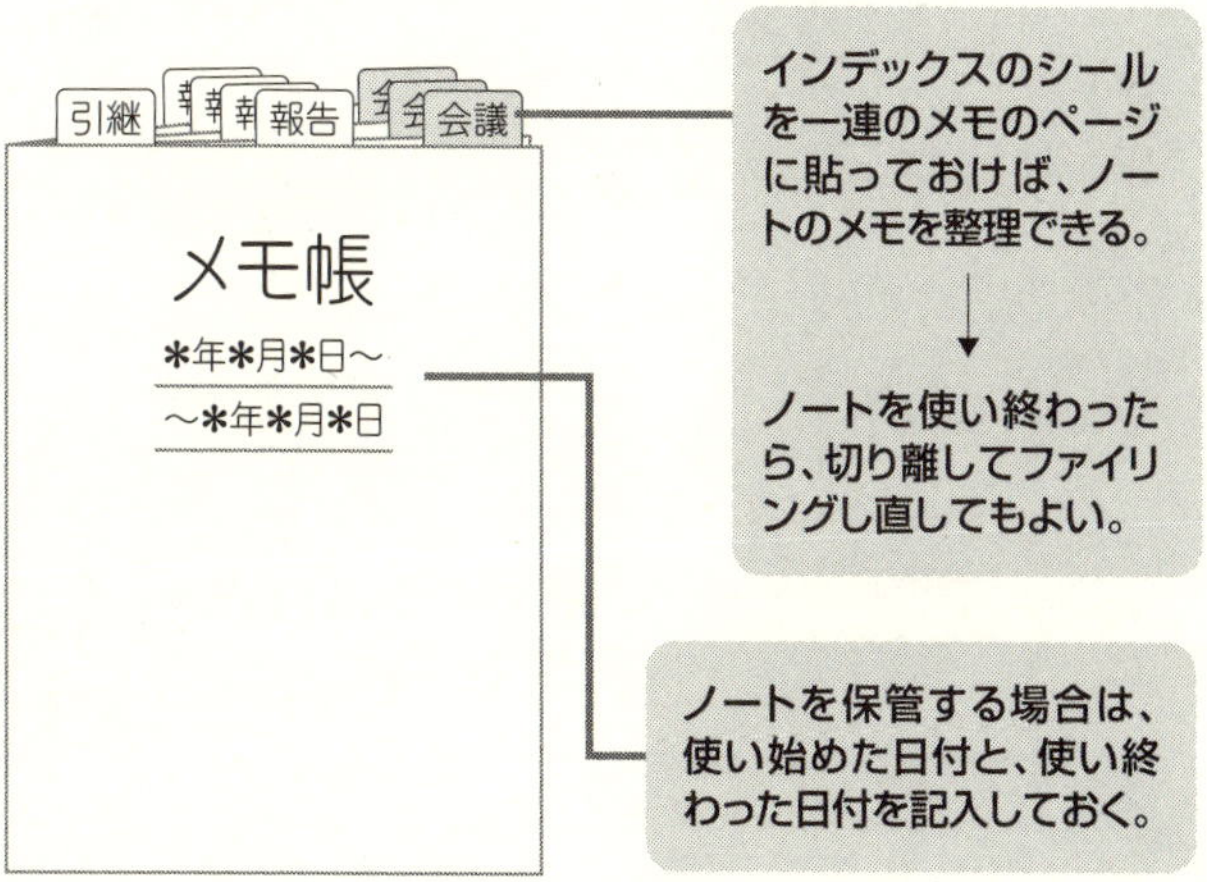
引継
報告
会議
メモ帳
＊年＊月＊日〜
〜＊年＊月＊日
インデックスのシールを一連のメモのページに貼っておけば、ノートのメモを整理できる。
ノートを使い終わったら、切り離してファイリングし直してもよい。
ノートを保管する場合は、使い始めた日付と、使い終わった日付を記入しておく。

13 電子手帳・PDA・ノートパソコンの活用

電子のメモ帳の使い勝手を検証しよう

手帳が担うスケジュール管理やメモ機能を、電子化したものが電子手帳やPDAだ。機能的な比較は、前章までに紙文書ファイリングと電子ファイリングの対比で述べてきたことと、ほぼ重なる。

電子化のメリットは、分類や検索などの情報加工に優れ、通信機能も駆使できることだが、ここではメモをとることにしぼって、使い勝手を考えてみよう。

▼電子手帳とPDA　そもそも電子手帳の始まりは、1980年代に入って、カシオが電卓に電話番号の記憶機能をつけて売り出したことあたりに端を発する。以後80年代はカシオとシャープを中心に、続々と新型の電子手帳が発売され、スケジュール管理、住所録、メモ、辞書といった機能を充実させた。システム手帳の電子化が図られた形だ。

そして1990年代に入って、米国のアップル社が売り出したのがPDA。パーソナル・デジタル・アシスタントの略で、携帯情報端末と翻訳されている。電子手帳が電卓を出発点に独自の電子機能を発展させたのに対して、PDAはパソコンとの連携を重視している。ウインドウズ系のOSを組みこんだ機種はもちろん、独自のOSを駆使するシャープのザウルスなども、パソコンと連携している。

さらにＰＤＡは通信機能を付加したところが、それまでの電子手帳と大きく違う。ネット情報を取りこんだり、メールで情報をやり取りすることもできるようになった。また、スタイラスペンを使って、画面に手書き入力ができることもＰＤＡの特徴だ。

このように、機能的にはＰＤＡの方が断然優位だが、パソコンとの連携と、通信という二つの機能を除いた電子手帳は、１万円前後の低価格で手に入る。

▼ＰＤＡのメモ機能

さて、メモ帳としての機能だが、ほとんどの仕事にパソコンが活用されている現状を考えれば、せっかく電子化したメモ帳もパソコンとの連携がとれた方がよいだろう。だから、通信機能を付加するかどうかはともかくとして、パソコンと連動するＰＤＡの方が、いわゆる電子手帳よりも便利だと思う。

また、ＰＤＡは入力方式によって2種類に分かれる。一つはスタイラスペンで入力するもの。よくファミリーレストランで注文を聞きながら入力しているのが、このタイプのＰＤＡだ。もう一つはハンドヘルドと呼ばれるキーボード入力のＰＤＡ。どちらもポケットサイズで、ほぼ同様の機能をもっている。

文字を入力するには、もちろんキーボード入力の方が使いやすいが、立ったままで入力する場合などは、むしろスタイラスペンで入力する方が便利だ。またペンで手書き入力する場合には、図式を用いたメモでも、書いたままに画像データとして保存することができる。図式メモで頭を整理するのが好きな人は、ペンの方が使い勝手がよいだろう。

さらに、ＰＤＡには録音機能もあるので音声メモをとれる。ボイスレコーダー感覚で、ポケットからサッと取り出して、思いついたことをその場で録音できるし、ちょっとした取材にも利用できる。

ただし紙のメモ帳に比べると、充電や、データのバックアップなどの作業が余計である。また一覧性に劣り、パラパラめくりながら眺める視覚性がないことも難点といえる。

なお、ＰＤＡのデータはスケジュール管理や住所録はもちろん、メモしたことも定期的に見直し、必要なメモはパソコンに移してファイリングしておくとよい。通信機能があれば、メールでパソコンへ送っておく手もある。ＰＤＡはあくまで携帯の端末なので、古いメモをいつまでもためておくことは避けたい。

▼ノートパソコン

ＰＤＡが手帳なら、ノートパソコンはその名の通りノートだ。手帳ほど小型ではない。その代わり機能的にはデスクトップのパソコンに劣らぬほど充実している。メモ帳としてはちょっと手軽さに欠けるが、機能は充実している。

最近はＰＩＭと呼ばれる、手帳機能のソフトもいろいろ出回っているし、ＰＤＡには機能的な制限が多いので、多少大きくてもノートパソコンを携帯した方が便利という考え方もある。またＰＨＳやケータイと連携させることで、通信もできる。

ただし、ノートパソコンはＰＤＡに比べてバッテリーの稼動時間が短いので、途中で電源が切れてしまうと、肝心な時に動かない…ということもある。

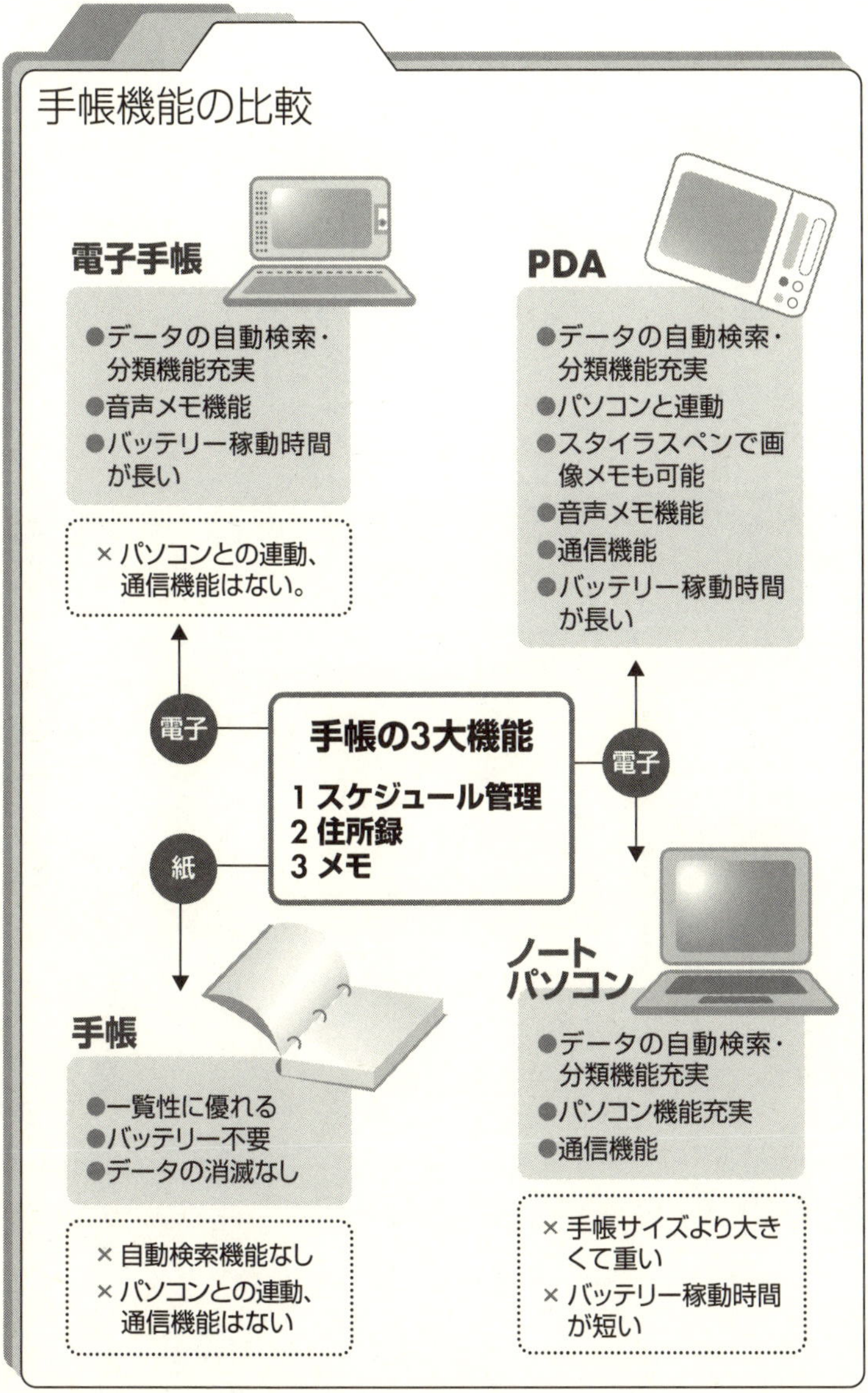
手帳機能の比較
電子手帳
●データの自動検索・分類機能充実
●音声メモ機能
●バッテリー稼動時間が長い
×パソコンとの連動、通信機能はない。
PDA
●データの自動検索・分類機能充実
●パソコンと連動
●スタイラスペンで画像メモも可能
●音声メモ機能
●通信機能
●バッテリー稼動時間が長い
電子
手帳の3大機能
1 スケジュール管理
2 住所録
3 メモ
電子
紙
ノートパソコン
●データの自動検索・分類機能充実
●パソコン機能充実
●通信機能
×手帳サイズより大きくて重い
×バッテリー稼動時間が短い
手帳
●一覧性に優れる
●バッテリー不要
●データの消滅なし
×自動検索機能なし
×パソコンとの連動、通信機能はない

14

ケータイをメモに活用する

多様な機能を活用して音声・写真のメモも可能

ケータイの機能の充実は目覚ましく、メールやインターネットをはじめ、スケジュール管理やアドレス帳などの手帳機能も整い、携帯情報端末の一種として位置づける見方もあるほど。ここでは、メモに使える可能性を確認しておこう。

▼メモ機能から見たケータイ　ケータイは通信専用の機器だが、ＰＤＡに比べると画面が小さく、ネットではケータイ専用のホームページしか見られないし、メールにも字数制限がある。手帳機能が備わっているとはいえ、ＰＤＡに比べれば脆弱だし、メモ専用の機能もない。だからスケジュールやアドレスの変更などは別として、ヒラメキなどのメモを取るなら、ＰＤＡや筆記具を用いるのがいい。

しかし通話ができるのはケータイだけなので、フラッと散歩に出る時でも、シャツのポケットに入れて行くほど、持ち歩きが習慣化している。手ぶらで出た時のとっさのメモにはもちろん、機能を活かして多様なメモをとることもできる。

▼メール機能の活用　文字入力でメモをとりたいなら、ケータイのメール機能を使おう。新規メールとしてメモを入力して、そのまま保存しておけばいい。それで帰ったら手帳に書き写したり、適当に処理する。仕事上のメモなら、そのまま会社のパソコンへ送信して

おく手もある。

▼録音機能の活用　ケータイにはたいてい会話を録音する機能がついている。録音できる時間は短いのだが、覚えておくと案外使い道があるものだ。例えば、この機能をボイスメモとして使うこともできる。あるいは、自宅の電話を留守番設定にしてあれば、ケータイで電話してメモ内容を吹きこんでおいてもいい。

▼カメラ機能の活用　さらに最近のケータイには、写真やビデオを撮影する機能がついている。物件や商品の状態などを記録する場合は、むしろ積極的に写真メモを活用するとよい。百聞は一見に如かずなので、文字によるメモだけでは表現できない情報収集ができるはずだ。

▼パソコンとの連携　ケータイを情報端末として活用する場合には、やはりパソコンとの連携が必要だ。市販の携帯電話ソフトをパソコンにインストールして、ケータイとパソコンをケーブル等でつなげば、データの共有やバックアップが可能になる。

入力や画面操作はパソコンの方が自在にできるので、スケジュール管理やアドレスなどはパソコンで作成して、必要なデータをケータイに移して持ち歩くのが普通だろう。そして出先での打ち合わせで、新たなスケジュールが入ったり、アドレスの変更や追加が生じた場合には、その場でケータイに入力しておいて、あとでパソコンと同期させればよい。そうすればケータイでとったメモが活きてくる。

15

ICレコーダーで音声メモの活用

思いつきメモから取材・会議の記録まで

情報の形が必ずしも文字とは限らないように、メモだって必ずしも文字でなくてもいい。レコーダーさえ携帯していれば、むしろ音声の方が文字よりすばやくメモできる。

▼音声メモの活用　以前、あるシンガーソングライターが「街を歩いている時などに、ふとメロディが思い浮かぶと、すぐに自宅に電話して、留守電にそのメロディを吹きこむようにしている」と話していた。同じヒラメキでも、メロディとなると文字ではメモできないし、いきなり音譜にするのも難しいだろう。なるほど音声メモが最適なわけだ。

もちろん一般的には「メロディのメモ」の必要性はないだろうが、例えば顧客の声を聞く場合、手帳を片手にメモするより、顧客の声そのものを記録すれば、言葉以外の心情もつかめる。あるいは会議や講演を録音しておけば、メモのとり忘れをフォローできる。

また、小型レコーダーをポケットにしのばせて、必要な時にサッと出し、行動記録や思いつきを、そのつど録音するというのも、やってみればそれほど手間のかかることではない。家を出るところから、丸1日の行動を録音したとしても、ひと言が数秒程度であれば、大した録音時間にはならないものだ。

毎日忙しすぎて「今日1日何をしたのかよく覚えていない」という人は、一度この音声行動メモを試してみるとよい。自分の仕事を再確認すると、次の戦略が見えてくる。

▼ICレコーダー　音声メモに役立てるためには、レコーダーが小型で携帯しやすく、操作が簡単なことが条件だ。その点ではＩＣレコーダーが優れている。これは小型のデジタルレコーダーで、各社からさまざまな種類の製品が出ている。いずれもＰＤＡやケータイほどの大きさで、胸ポケットにも収まるし、操作も簡単だ。最近では録音時間も長くなり、使い勝手がよくなっている。

デジタルなので、録音データの処理が可能なのも便利だ。簡単に頭出しができるのはもちろん、フォルダごとに録音を分類したり、削除や並べ替えもできる。また、録音データをパソコンに取りこんで編集、保存したり、メールに添付して送信することもできる。さらにカメラ機能がついたものもある。

▼マイクロカセットレコーダー　胸ポケットに収まる小型カセットテープレコーダーだ。専用の小さなカセットテープに録音する。もうおなじみの機器なので、操作はわかりやすいのだが、アナログなのでパソコンとの連携は望めないし、頭出しなども難しい。録音データの活用を考えれば、やはりＩＣレコーダーの方が優れている。

▼PDA・ケータイ　すでに紹介してきたが、ＰＤＡやケータイにも録音機能がついているものがある。ケータイの録音時間はごく短いが、とっさの一言メモ程度なら十分だ。また、ＰＤＡならファイル名をつけて録音を保存できる。

16

デジカメで写真メモの活用

調査・取材や出張にも役立つ写真メモ

音声以上に優れた情報伝達力をもつのが画像だ。肉眼では見落としていた細かい点も、写真ならあるがままにメモしてくれる。

▼写真メモの効用 商品や物件などの状態はもちろん、街の様子や、催し物の雰囲気など、言葉を連ねるより、1枚の写真の方がずっと雄弁に語ってくれる。しかも言葉には見る人の主観が入るが、写真は客観的な事実を写しとる。つまり非常に正確なメモがとれるわけだ。

だから、取材現場の写真を撮る効用は、取材の報告書に添えて説得力を増すだけではない。自分自身が見落としていた事実に、写真を見て初めて気づくこともある。取材メモの一つとしての意義も大きい。

▼資料や黒板を写し取る 写真メモのもう一つの活用法として、「資料を写しとる」というワザがある。例えば、旅先で集めた資料を次々にカバンにつめこんでいくと、荷物が増えてフットワークがにぶる。そこで、もらった資料をすべて写真に撮ってしまう。こうすると資料をその場で捨てられるので、軽快に動き回れる。

また講演会や会議などで、黒板やホワイトボードに書かれた内容も、写真に撮れば一瞬にして記録できる。もちろん、それで筆記メモが必要なくなるわけではない。話の内容を書きとめておかないと、黒板の文字だけでは不完全だろう。ただし、あとで筆記メモを見直す時、黒板の写真は重宝するはずだ。

▼ポケットサイズのデジカメ

携帯することを考えれば、やはりポケットサイズの小型カメラがよい。もちろんアナログのポケットカメラや、使い捨てカメラでもよいが、画像データの活用やファイリングを考えれば、デジタルカメラが便利だ。パソコンに取りこむ場合、アナログ写真は現像してから、スキャニングしなければならないが、デジカメなら現像の必要もなく、直接取りこむことができる。

しかも、撮った写真を液晶画面でモニターできるタイプなら、写真が確実に撮れているかどうか、その場で確認できて安心だ。また、例えば旅行中に必要な地図や、現地の電車やバスの時刻表も、パチリとデジカメに収めておけば、必要な時にモニター画面で見ることができる。筆記して持ち歩くのに比べると、ずいぶん便利である。

▼ケータイ・ICレコーダー

すでに述べたように、ケータイやICレコーダーにもカメラ機能がついたものがある。これらの写真データはデジタルなので、すぐにモニターできるし、パソコンとの連携も可能だ。ただし、画質の問題がある。30万画素程度では、広範囲の遠景や、資料の細部を写し撮るのは無理だろう。もっとも最近のケータイには100万画素のものもあり、300万画素まではいかなくても、これなら活用範囲も広がる。

17

会議や取材でメモをとるコツ

筆記・録音・撮影も含めて目的にあった情報収集

会議や取材では、特にメモの要領が問われる。仕事の上で、最もメモの技術を要求される場面だ。効率よく、役に立つメモをとるコツを考えてみよう。

▼会議のメモ　議事録の作成者でなければ、必要な部分だけをメモすればよい。全体の流れは議事録で確認できる。議事録作成者なら、神経を集中して発言を筆記する。必要なら録音するが、後で聞くのに時間がかかるので、保険と心得てしっかりメモを取ろう。

▼話を聞く取材　人から話を聞く場合は、事前に取材テーマや相手についてよく調べて、聞きたいことをしぼっておくことが鉄則。写真撮影や録音をしたい時には、失礼のないように事前に了解を得てからにしよう。

メモの道具は人によって好みがあるが、Ｂ６判やＡ５判のノートがお勧めだ。最もペンを走らせやすいし、メモが散逸する恐れがない。また見開きで倍の大きさになるので、広い筆記スペースは応用も利く。

▼歩き回る取材　市場調査やキャンペーン取材など、歩き回って情報を集める場合は、見聞きしたり、気づいたことを、すぐにカードやＰＤＡにメモし、録音、撮影も含めて片っ端からデータを蓄積する。そして帰ってから、集めたデータを分類整理する。

会議や取材での録音の活用

	会議	取材
録音は不要と考える場合	●うちわのミーティング。 ●営業会議のような定例会。 ●各報告者がそれぞれレジュメを用意している場合。 ●あとで出席者が議事録の訂正補足をする場合。 ●以上のような場合でも、保険的に一応録音を取っておく手もある。	●テープを回すことで警戒心を起こさせてしまい、本音を聞き出せないと判断される場合。 ●取材した相手に、あとで原稿をチェックしてもらえる場合。 ●取材の原稿を書くのに時間をかけられない場合(テープを聞き直すのは時間がかかる)。
録音が必要と考える場合	●公的な委員会など、正確な記録を取る必要がある場合。 ●シンポジウムなど、そこでの議論自体が貴重な資料となる場合。	●話の内容だけでなく、相手の語り口まで、記録しておきたい場合。 ●数字や、専門用語などが頻繁に話題に上ることが予想される場合。 ●座談会など、話が白熱したり、2人以上の人が同時に話すことも考えられる場合。 ●相手と会話しながら話を引き出したい場合。
録音の注意	●会議の会場が広い場合、内蔵マイクの小型録音機では、発言の内容をほとんど聞き取れない。精度のよい録音機を用意し、マイクを何カ所かに設置して声を拾うようにする。一番よいのは発言者の口元にマイクを置くこと。	●テープを回す前に、相手の了解を得ること。 ●狭い部屋で相対して話を聞く場合は、内蔵マイクの小型録音機で十分。 ●喫茶店など雑音が多いところで話を聞く場合は、小型マイクをえり元などに付けてもらうとよい。

18 ファイリング感覚を活かした議事録・報告書

必要事項を整理して読みやすい書式をつくる

メモで取りこんだ情報は、いわば素材であり、議事録や報告書はそれを料理したもの。いずれも仕事を発展させるための情報だ。より活用しやすいように、必要事項を整理して、書式を統一しておくとよい。ファイリング感覚の活かしどころだ。

▼議事録の書き方　議事録には、①議題、②会議が行われた日時と場所、③出席者名（部署と役職名も）、④議事内容、⑤議事録作成者名、⑥議事録作成日あるいは配布日が記載されていることが必要だ。書類の中心となるのは「④議事内容」で、具体的には、a会議の目的や議題の説明、b報告内容、c議論内容、d決議事項、e懸案事項、f次回開催予定…などの内容になる。会議で行われた報告や議論の内容は、統一書式の議事録には要旨のみを書き、詳細な記録は別綴じにして、添付しておくとわかりやすい。

▼報告書の書き方　報告書を作成する上で大切なことは、①事実（仕事や調査・取材の経過と結果）を正確に書くこと、②事実に対する有効な考察を書くことである。例えば営業報告であれば、まず期間中の営業実績の正確な報告をして、計画を下回ったのなら、その原因を考察する。キャンペーンへの反応を報告する場合も、その反応を現場の目で考察し、今後の営業活動を展望する。①と②の内容を、きちんと分けて書くことが大切だ。

議事録の書式例

出席者には部課名と役職名も記す。

ファイル番号を記入しておくと、整理しやすい。

議事録

配布日　年　月　日／No.

記録者＊＊課＊＊＊

■会議名　第＊回＊＊＊＊会議

■議題　「＊＊＊＊＊＊＊＊＊＊」

■開催日時　＊年＊月＊日　＊～＊時

■開催場所　＊＊＊＊会議室

■出席者　＊＊課：課長＊＊、＊＊、＊＊
＊＊課：課長＊＊、＊＊
＊＊課：＊＊、＊＊、＊＊、＊＊

■議事内容

■決定事項
1.＊＊＊＊＊＊＊＊＊＊。
2.＊＊＊＊＊＊＊＊＊＊。

■懸案事項
1.＊＊＊＊＊＊＊＊＊＊＊＊＊＊＊＊＊＊＊。
2.＊＊＊＊＊＊＊＊＊＊。

■報告（配布資料あり）
「＊＊について」＊＊部＊＊＊

■議論内容（詳細は別紙）
1.＊＊＊＊＊＊＊＊＊＊。
2.＊＊＊＊＊＊＊＊＊＊＊＊＊＊＊＊＊＊＊。

■次回会議予定
日時：＊＊年＊月＊日＊～＊時
場所：＊＊＊＊＊会議室
議題：「＊＊＊＊＊＊（仮）」

配布資料も議事録と一緒にファイリングしておく。会議欠席者には、資料も配布する。

詳しい議論内容は別にまとめた方がわかりやすい。

報告書の書式例

報告書を提出する相手の名前。役職がある場合は「**部長殿」など。

入手した資料類は報告書に添付する。

報告書

****殿

年　月　日／No.

課*

■表題　社外***研修参加報告
■開催日時　*年*月*日〜日（3日間）
■開催場所　***研修センター
■主催　****協会
■参加者　**課**、**、**
（参加者総数**名、参加者名簿あり）
■研修目的　********
■研修内容（各配布資料有り）
1.**********（講師*大学**教授）
****************。
2.**（講師*研究所**）
**********************。
3.**（講師*協会技術部**）
**********************。
■所感
1.**********************。
2.**********************。
3.**********************。
■添付資料
1.研修案内　1通
2.研修参加者名簿　1通
3.研修に関する資料　3通

以上

報告事項は、報告内容によって異なる。例えば出張報告書なら、出張先／出張期間／訪問日程／取扱い商品／営業成果／現地情報／所感　などが報告事項となる。

情報の「保管と処分」をシステム化する！

1 「捨てる」という観点で書類を分類する

保管期間と点検のタイミングをルール化

前章では、ファイリングの出発点として情報収集のコツを考えた。情報収集の段階でも、不要な情報を「捨てる」ことが大切だと述べたが、情報整理の段階ではさらに重要だ。

▼ファイリング感覚の必要性　情報を収集する時は、たいてい仕事上の必要にかられて精力的に取り組んでいる。が、不要になった書類を処分するのは、特別必要にかられるわけではない。そのため1日延ばしにして、そのうち忘れてしまったりする。

あるいは日常業務の中で蓄積される情報もある。伝票や帳簿、報告書、議事録などはルーチンワークの過程で自然にたまってくる。一方、たまった書類を処分する作業の方は「余裕がある時に行う」ことになっていたりする。

たまった情報の処分は「確かに今日中にしなければならない」という切迫した作業ではないし、正直いって面倒くさい。そのためついつい後回しになるが、それが業務の動脈硬化をもたらす構造は、すでに繰り返し述べてきた。つまり、収集した情報を「捨てる」作業こそ、最もファイリング感覚を働かせて、日常業務の中に構築すべきシステムなのだ。

▼要・不要の分類　「捨てる」作業の第一歩は、たまった書類を「必要」と「不要」に二択分類することだ。では「不要」とされるのはどういう書類だろうか。主な観点は次の

三つになるだろう。

①用ずみ書類　例えば、すでに更新データを入手して、古くなった速報や通知。保管期間が切れて不要な書類。一過性の報告や回覧書類。あるいは、清書ずみの原稿の下書きやメモ、取りまとめがすんだ中間資料など。

②重複書類　最も迷いなく捨てられる書類だろう。例えば、同じ書類を2部以上保管している場合、配布後にあまったコピーや印刷物、他部門が原本を保管している書類など。

③価値減退書類　これが最も「迷い」の対象となる書類だ。ほとんど不要と思えるが、何かの場面で必要にならないとも限らない、何となく未練の残る情報が含まれる。例えば、ある程度古くなったスクラップ、記録や統計、書物、雑誌、カタログなど。終了したプロジェクトの書類も、どの程度まで資料として残しておくか迷う。また保管期間が過ぎた書類の中にも、機械的に切り捨てられないものがある。

①と②は捨てればよいのだが、③については二つの選択肢がある。一つは捨てる。ともかく迷ったら「捨てる」と決めてしまう。狭いオフィスの場合など、そうしなければスペースの確保ができない事情もある。もう一つは保留。次の点検時まで「捨てる」のを保留する。時とともに状況も心境も変わるので、次には迷いなく捨てられるかもしれない。この場合は、「要」「不要」「保留」の三択分類になる（→「保留」については164頁）。

▼捨てるルールづくり

捨てるか残すか、迷う場面が多いと、書類の整理が難しいので、ある程度、捨てる時期をルール化すると整理がらくになる。

なお、経理や人事関係の書類の中には、法律によって保管期間が定められているものがある。例えば決算書や株主総会議事録などは、商法によって10年間の保管が義務づけられている。あるいは雇用や解雇に関する書類や名簿も、労働基準法により3年間は保管しておかなければならない。

もちろん、保管期間中は「要」に分類するわけだが、保管期間を過ぎた後は各社の方針に委ねられる。ちなみに決算書や株主総会議事録などは、経営の根幹に関わる資料なので、一般的に永久保存するのが望ましいと考えられている。こうした書類とともに、他の書類についても、議事録は5年で廃棄、新聞スクラップは1年で廃棄、2年間取引のない企業や顧客は名簿から外すなど、保管期間のルールをつくっておくとよい。

▼捨てるタイミング　情報を「捨てる」ルールは、保管期間だけでなく、不要文書を点検するタイミングについても決めておくと、ついつい後回しにすることがなくなる。
点検のタイミングとしては、①収集時、②分類時、③週末・月末・年度末、④業務完了時、⑤仕事場から資料室等への移動時、⑥保管期間終了時…などが考えられる。

特にプロジェクトなどの業務終了時には、頭の切り替えや、報告・謝礼などにもれがないか確認のためにも、関係資料にすべて目を通して、完全に書類整理をしてしまうのがよい。書類整理が完結して、初めて業務が終了すると考えよう。

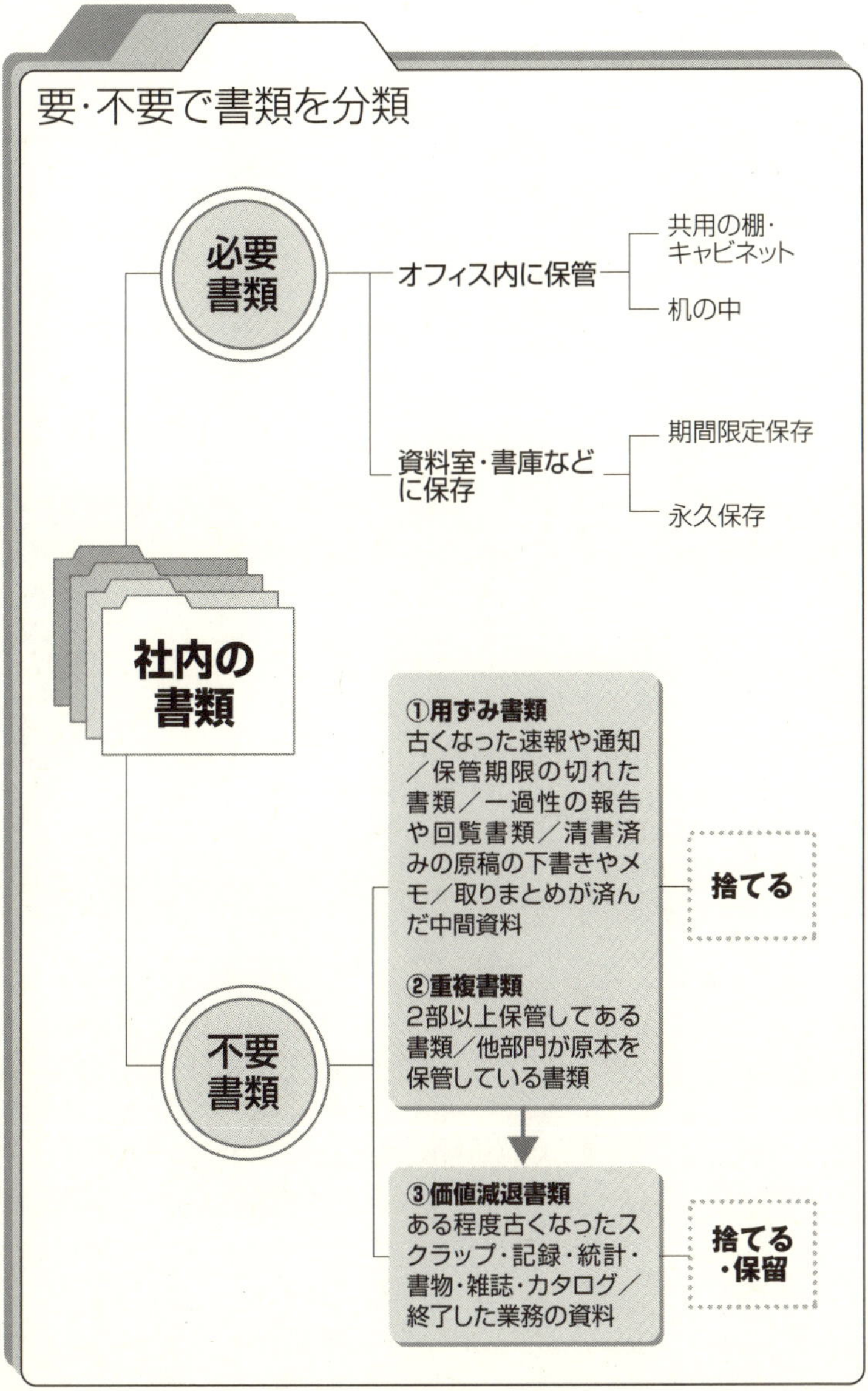
要・不要で書類を分類
社内の書類
必要書類
オフィス内に保管
共用の棚・キャビネット
机の中
資料室・書庫などに保存
期間限定保存
永久保存
不要書類
①用ずみ書類
古くなった速報や通知／保管期限の切れた書類／一過性の報告や回覧書類／清書済みの原稿の下書きやメモ／取りまとめが済んだ中間資料
②重複書類
2部以上保管してある書類／他部門が原本を保管している書類
捨てる
③価値減退書類
ある程度古くなったスクラップ・記録・統計・書物・雑誌・カタログ／終了した業務の資料
捨てる・保留

2 情報を捨てる場合の保険機能

保険がきく（復元や再取得ができる）情報かどうか

ほとんど不要な書類を、何となく捨てられない理由は「もし何かの機会に必要になったら困る」と考えるからだ。それでは整理が進まないとばかりに、思い切りよく捨ててしまったところに、たまたま必要が生じてしまった——。実際、そういう皮肉なことも起こりうる。そこで、捨てることに不安を感じる場合には、保険がきくかどうかを確認してみよう。多少面倒なことになっても、取り戻せると判断できれば捨てる踏ん切りがつく。

▼資料の場合　社内に情報源がある資料は、社内で復元できるかどうかが問題だ。例えば、現金出納帳や売掛台帳などを廃棄しても、総勘定元帳が保管されていれば復元できる。取り壊した施設の写真は二度と撮れないが、今ある施設の写真等なら撮り直せばよい。おもとの資料が残っていれば、加工した資料は、時間さえかければ取り戻せるわけだ。

一方、社外の資料の場合、その情報源をたどれば再度取得できるかどうかだ。例えば速報や記録、統計の場合、その情報を提供した企業や協会が保管していれば、必要な時にまた調べ直すことができる。

▼出版物の場合　書籍や雑誌の場合は、図書館に所蔵されていれば、いつでも閲覧できるので、比較的捨てやすい。もっとも図書館も永久に所蔵しているとは限らない。あまり

古くなって閲覧利用の可能性がなくなったり、破損がひどくなると廃棄することもある。それでも、国会図書館には基本的にすべての出版物が保管されているので、書籍や雑誌などの出版物はまず確保されていると考えていい。ただし自費出版の刊行物は、国会図書館にもない可能性が高い。心配な場合はインターネットなどで、国会図書館の蔵書目録を確認しておこう。

なお、新聞の場合はほぼ間違いなく再び検索できる。図書館だけでなく、有料無料のデータベース・サービスも充実しているので、よほど特殊な新聞でない限り心配ない。

▼パソコンのデータ　パソコンのデータを削除する場合、ハードディスクに記憶されたデータなら保険がきいている。削除データは、ゴミ箱フォルダに保存されているからだ。ゴミ箱もいっぱいになると、古いデータから順に消えていくが、よほど大量に削除しない限り、しばらくはゴミ箱にあるので、「やっぱり必要だ」と気づいたら、ゴミ箱フォルダを開いてそのファイルを探し、元へ戻せばよい。だから、ゴミ箱フォルダ内のファイルを積極的に整理しないでおくことが、ある程度保険になる。

この仕組みはメールについても同様だ。受信トレイや送信済みトレイから不要なメールを削除すると、削除済みトレイに移動する。「やっぱり必要」になったら削除済みトレイから拾ってくればよい。ただしメールは短期間にたくさんたまるので、絶対に不要と判断できるメールは削除済みトレイからも削除して、整理しておこう。

3 捨てるかどうか迷った時のルールづくり

後のトラブルを招かない書類廃棄のルールづくり

不要文書の中にも捨てるのを迷う場合がある。どうしようかと考えこんでは時間のムダなので、迷った時のルールも決めておこう。

▼迷った時の保留箱　迷った場合は「捨てる」と決めてはいても、やはり踏ん切りのつかない場合もある。そんな時は「保留」に分類をする。保留箱をつくって、その中に保留書類を入れ、活用中のファイリングとは別にして、資料室や書庫に一定期間保管しておく。期間は3カ月からせいぜい半年も置けば十分だろう。その間にまったく必要を生じなかった書類は、不要を確認できたわけだから、今度こそ迷わず捨てる。

▼廃棄箱の一時保留　重複書類を捨てるのなら迷わずゴミ箱へ入れるが、原本を廃棄する場合は、たとえ保管期間切れの書類であっても、やはり躊躇を感じるものだ。そうした書類は、まとめて廃棄箱に入れ、1週間から1カ月程度の短期間、捨てるのを遅らせてみる。「やっぱり必要だ」と気づいた書類は、その間に拾ってくる。

▼廃棄書類の確認　共有書類の廃棄は、一人では判断しづらい。それなら廃棄する書類を箱に入れ、一定期間内に確認するように通知する。資料やスクラップ類なら、個人的に必要を感じたものに名前を貼っておき、他に必要な者がいなければ個人所有としてもいい。

保留箱と廃棄箱の活用

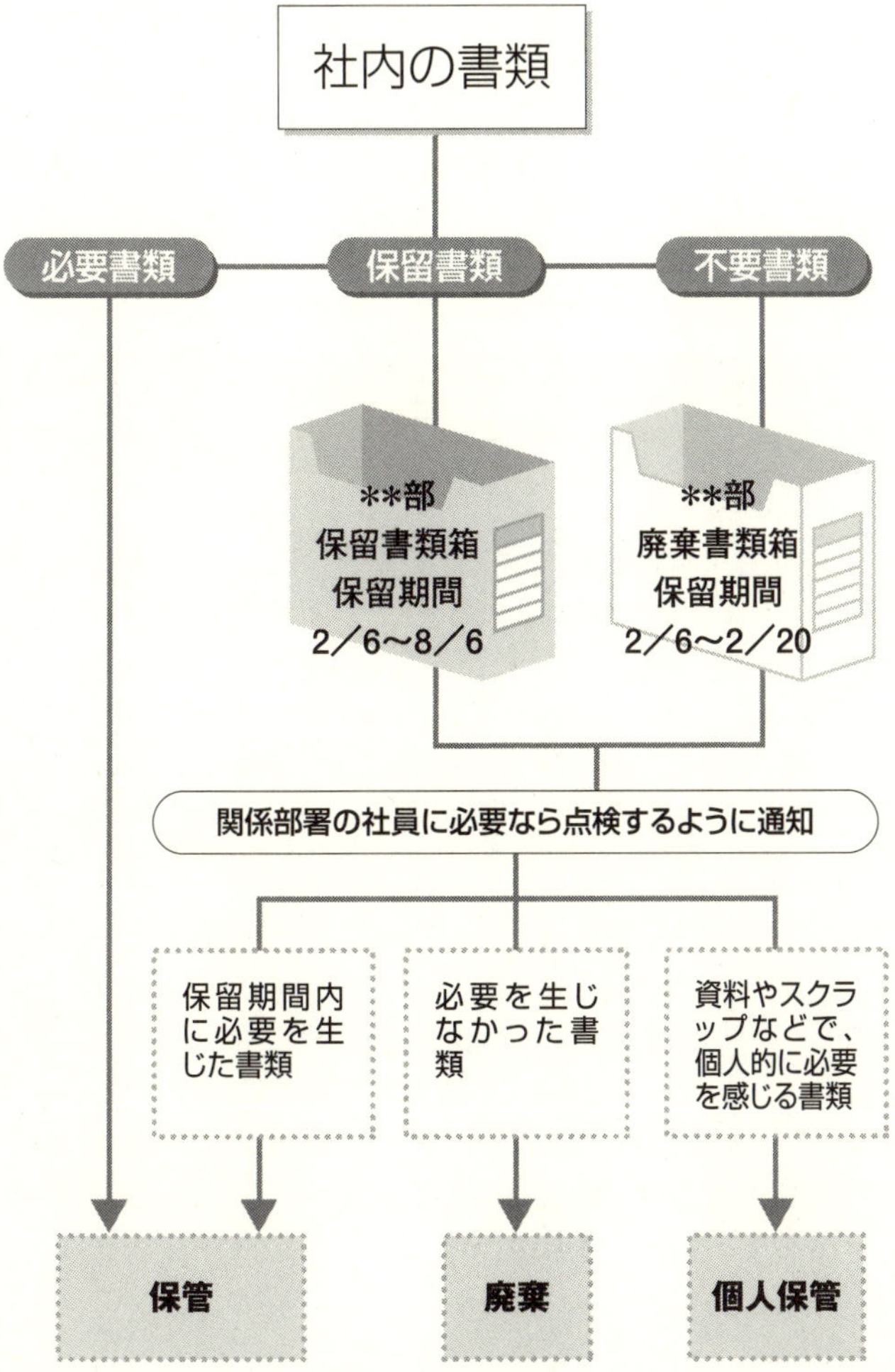

社内の書類
必要書類
保留書類
不要書類
**部
保留書類箱
保留期間
2／6〜8／6
**部
廃棄書類箱
保留期間
2／6〜2／20
関係部署の社員に必要なら点検するように通知
保留期間内に必要を生じた書類
必要を生じなかった書類
資料やスクラップなどで、個人的に必要を感じる書類
保管
廃棄
個人保管

4 活用度の低い書類は別に保管する

書庫の管理システムを確立する

法律で保存期間が決められている書類や、日常的に使われない資料類は、オフィス内から書庫に移して保存する。もちろん、この書庫にもファイリングが必要だ。

▼保存期間・廃棄年度による分類　書庫とか資料室と呼ばれる部屋が、滅多に足を踏み入れない不要物の物置になっていないだろうか。この状況を改善するには、保存書類を新陳代謝させるシステムをつくることが大切だ。そのため書庫の分類で最も肝心なのは「保存期間」もしくは「廃棄年度」である。

また、保存箱には必ず内容を示す保存票を貼り、廃棄年度ごとに並べる。保存票のファイルもつくるとよい。廃棄年度が特定できない場合は点検年度を決めて、その年度末に点検して廃棄か保存かを判断する。また永久保存の書類も置きっぱなしではなく、いざという時に活用できるように、保存状態に配慮しよう。

▼新陳代謝のシステムづくり　書庫への書類の移し替えは、年度末を期に行うのが合理的だ。例えば、オフィス内のキャビネットには「本年度と前年度の書類を置く」というルールなら、前年度の書類を書庫へ移し、次年度の書類を入れるスペースを空ける。同時に書庫の書類の廃棄もする。なおプロジェクト終了などに伴う書類整理は随時行う。

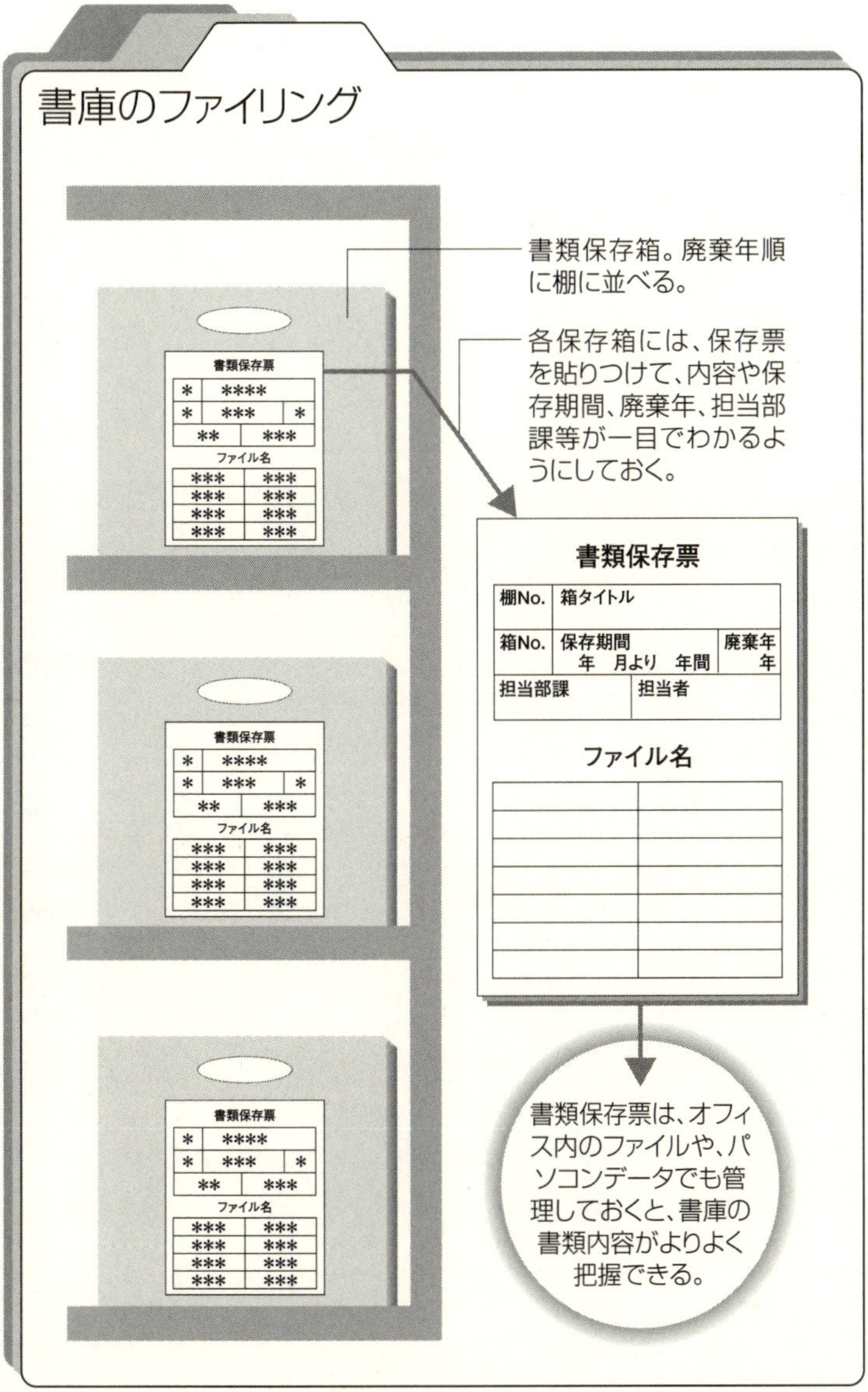
書庫のファイリング
書類保存箱。廃棄年順に棚に並べる。
各保存箱には、保存票を貼りつけて、内容や保存期間、廃棄年、担当部課等が一目でわかるようにしておく。
書類保存票
* ****
* *** *
** ***
ファイル名
*** ***
書類保存票
棚No.
箱タイトル
箱No.
保存期間
年 月より 年間
廃棄年
年
担当部課
担当者
ファイル名
書類保存票は、オフィス内のファイルや、パソコンデータでも管理しておくと、書庫の書類内容がよりよく把握できる。

5 書類を永久に保存する場合の工夫

安全性を重視するならマイクロフィルム

書類の中には永久に保存したいものもある。その場合は、いつか廃棄することを前提にしたファイリングとは、別の工夫が必要になる。

▼保管場所の問題　永久保存の書類にも、例えば決算書類や株主総会議事録、あるいは社史関係の資料など、年々増えていくものが多い。紙書類の場合は、保管スペースの問題が出てくる。書庫や資料室などに収納したとしても、場所を取ることに変わりはない。

そこで省スペース化を図るために、紙以外の媒体にする方法がある。一つはマイクロフィルム、もう一つは電子ファイル化してＭＯやＣＤ、ＤＶＤなどに記録する方法だ。いずれも保管スペースを劇的に減らすことができる。とはいえ、問題がないわけではない。

▼品質劣化と安全性の問題　図面や写真など、視覚的要素の強い書類の場合、マイクロフィルムにしても電子ファイルにしても、本来の品質は失われる。特に資料的な価値のある写真や図面類は、できるだけ現物で保存することが望まれる。

ただし、紙自体にも時間とともに劣化が起こるので、むしろ保存のためにマイクロフィルムに記録しておくという考え方もある。これは古い書類や出版物などについてもいえることだ。

また、電子ファイルについては、データ保存の安全性が危惧されている。次項で述べるように、何らかの理由でデータが消滅する危険性を拭いきれないからだ。そのため現段階では、やはり確実に保存したい書類については、マイクロフィルムによる保存の方がおすすめだ。

▼マイクロフィルムによる保存

マイクロフィルムとは、すなわち書類の映像を焼きつけたフィルムのこと。場所をとらずに、多量のデータを保存できる。特に、保存が必要な一連の書類が多量に存在する場合に向いている。

マイクロフィルムには16ミリ幅と35ミリ幅のものがあり、図面などの大きな書類は35ミリ幅のフィルムを用いて、より緻密な映像で保存するとよい。一方16ミリ幅の方は、1巻に2000コマ以上の映像が収録できるので、多量の文書を一括して保管する場合に向いている。

またフィルムの形状により、171頁の図に示すような種類があり、まずはロール状と、シート状の2種類に分けられる。ロール状とはフィルムを途中で切断せず、最初から最後まで、丸いリールに巻きつけたものだ。このタイプは綴じられたファイルと同じことで、書類の順番が狂ったり、途中の書類が散逸したりすることがないのが利点。だから分類する必要のない、一連の書類をフィルム化する場合に向いている。

一方、シート状の方はフィルムを途中で切って処理している。こちらは綴じていないファイルと同様に、分類が自在にできるのが利点。個々の映像に説明を入れたい場合もこちらの方式が向く。

最近はシート状の「マイクロフィッシュ」という形式がよく利用されている。この場合、ほぼハガキ大のフィルムに30コマもしくは48コマ、60コマ、98コマの映像をコンパクトに保存する形式になっている。そのためフィルムのファイリングや検索はもちろん、フィルムを複写したり、複写して配布したりする場合にも便利である。

▼電子ファイルによる保存　安全性に不安はあるとはいえ、電子ファイルによるデータ保存も、実際かなり行われている。そもそも帳簿類などは、すでにほとんどの企業が最初から電子ファイルで作成しているはずだ。

電子ファイルで保存する場合の利点は、何よりまず検索がしやすいこと。またデータの共有化ができるし、ホームページに掲載したり、メールに添付して送信することもできる。そのためデータの活用性が飛躍的に拡大する。もちろん、データの保全については工夫が必要だ。この点については次項で述べる。

また、マイクロフィルムと電子ファイルを併用する例も少なくない。つまり、マイクロフィルムで保存して、電子ファイルで活用しようというわけだ。永久保存を必要としながら、しかも日常的な利用度も高い書類については、この併用方式が最も合理的。保管データの活用度を高めることにもなる。

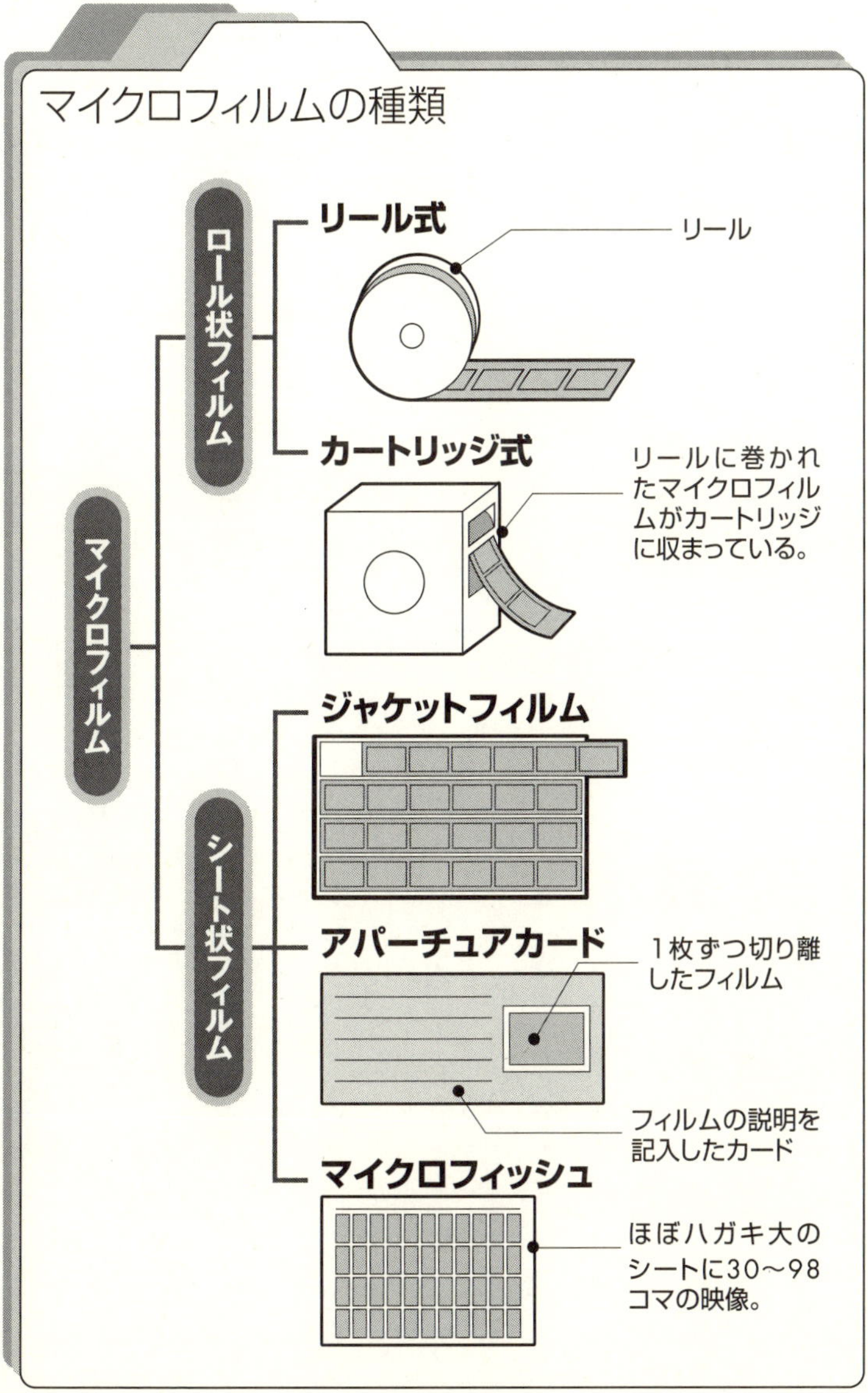
マイクロフィルムの種類
マイクロフィルム
ロール状フィルム
リール式
リール
カートリッジ式
リールに巻かれたマイクロフィルムがカートリッジに収まっている。
シート状フィルム
ジャケットフィルム
アパーチュアカード
1枚ずつ切り離したフィルム
フィルムの説明を記入したカード
マイクロフィッシュ
ほぼハガキ大のシートに30〜98コマの映像。

6 電子ファイルの弱点――保存の安全性

デジタル情報とアナログ情報の違いを理解する

前項でふれた電子ファイルの保存がはらむ危険性について、もう少し詳しく述べよう。書類の電子化が進んでいる現在、避けては通れない問題だ。

電子ファイルの保存に危険性が伴うのは、電子ファイルがデジタル情報であるためだ。一方、前項でより安全と述べたマイクロフィルムの方は、紙書類と同様にアナログ情報なのだ。

●デジタルとアナログの違い

アナログ情報とは、連続した線で表現される情報で、直接肉眼で読みとることができる。例えば、紙やフィルムに書かれた情報は、特別な処理をしなくても、そのまま読みとれる。もちろん、フィルムの場合は光を当てて拡大したり、紙に焼きつけたりした方が見やすいが、いずれにしても肉眼で読みとれることに変わりはない。

一方のデジタル情報は、0と1の数字で表現されるコンピュータ化された情報で、肉眼で読みとることができない。コンピュータ処理を介してはじめて再現される情報だ。だからこそ自在な検索や分類、情報加工が可能なのであり、インターネットに掲載したり、メールに添付して送信したりすることもできる。アナログ情報とは比べものにならない自在性を発揮するのだが、その自在性が、保存の面ではかえって危険性につながる。

例えば、パソコンに向かって原稿を書いている最中に、ふいに画面が動かなくなることがある。あるいは突然「不正な処理を行ったのでプログラムを終了します」という警告とともに画面が終了してしまったり。

そうなると、打ちこみ途中の文書はすべて消えてしまう。書いている途中で、ハードディスクへの保存をしていれば、そこまでのデータは再現できるが、運悪く一度も文書の保存をしていなかったりすると、何時間もかかった仕事が一瞬にして無に帰すことになる。

パソコンを使い始めた頃には、誰しも一度はこんな不幸に見舞われて呆然とした経験があるだろう。こうした理不尽は、紙に書いている場合には絶対にあり得ないことだ。

同様の不安は、たとえ保存しながら作業していてもつきまとう。使用中のパソコンが不調をきたして、突然ダウンしてしまうこともある。それで再び正常に立ち上げられればよいが、何かの故障で二度と動かなくなることもある。そうなるとハードディスクの情報は容易に取り出すことができない。あるいは仕事の合間にメールチェックをして、ウイルスに感染してしまい、ハードディスクのデータがすべて消されてしまう可能性だってある。

だからデジタル情報をあつかう場合は、永久保存どころではなく、作成中の仕事であっても、常にバックアップを取ることが鉄則だ。ファイルの作成や更新の途中でもたびたびそこまでの作業を保存すること、仕事を終えてパソコンの電源を切る前には、ＦＤやＭＯにファイルをコピーすること。パソコンで作業をする場合は、こうしたバックアップを絶対に怠ってはならない。
また活用を終え、長期保存しておきたい電子ファイルは、MOやCD、DVDなどに保存してパソコンのハードディスクからは削除するが、その際には少なくとも「正」「副」2枚のバックアップを取っておきたい。中でもCD―Rは、書きこんだデータを消去できないので、重要ファイルの永久保存に向いている。

▼データの保存と再現性の維持　デジタル情報の場合、こうして確実にバックアップをとったとしても永久保存の確証はない。一つにはMOやCDなど、記憶媒体の物理的な経年劣化の可能性がある。その場合は、紙のように文字がかすれて一部が読みとれなくなった…ということではなく、情報全体が再現できなくなる。

またデータは正常に保存できても、パソコンやソフトあるいは記憶媒体自体の陳腐化の問題がある。コンピュータ関係の技術は日進月歩。製品のバージョンアップや製造中止に伴って、データが再現できなくなることは今までにもあった。

そうした問題に対応するため、データ保存を専門業者に委託する方法もある。が、もちろんタダではない。もう一つ考えられるのはアナログ情報を活用する方法だ。実際、電子ファイルをマイクロフィルム化するサービスが進められている。前項でも述べたように、活用はデジタル、安全確実な長期保存はアナログという使い分けが、現段階では最も有効かもしれない。

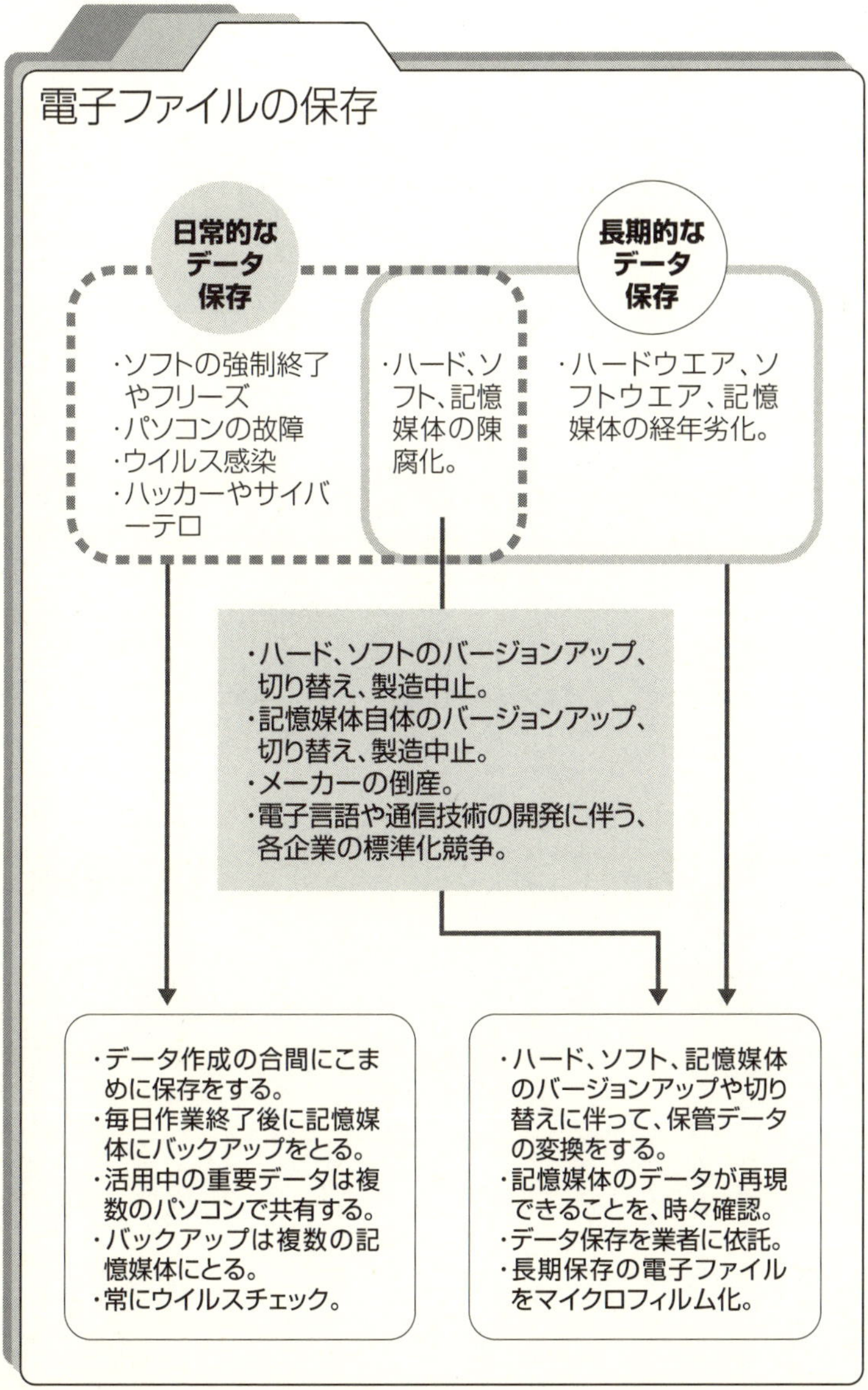
電子ファイルの保存
日常的なデータ保存
長期的なデータ保存
・ソフトの強制終了やフリーズ
・パソコンの故障
・ウイルス感染
・ハッカーやサイバーテロ
・ハード、ソフト、記憶媒体の陳腐化。
・ハードウエア、ソフトウエア、記憶媒体の経年劣化。
・ハード、ソフトのバージョンアップ、切り替え、製造中止。
・記憶媒体自体のバージョンアップ、切り替え、製造中止。
・メーカーの倒産。
・電子言語や通信技術の開発に伴う、各企業の標準化競争。
・データ作成の合間にこまめに保存をする。
・毎日作業終了後に記憶媒体にバックアップをとる。
・活用中の重要データは複数のパソコンで共有する。
・バックアップは複数の記憶媒体にとる。
・常にウイルスチェック。
・ハード、ソフト、記憶媒体のバージョンアップや切り替えに伴って、保管データの変換をする。
・記憶媒体のデータが再現できることを、時々確認。
・データ保存を業者に依託。
・長期保存の電子ファイルをマイクロフィルム化。

7 証拠能力を求められる書類は紙で保存

電子ファイルのもう一つの苦手分野

電子ファイルには、保存の安全性に対する危惧とともに、法的証拠能力の問題がある。そのため、証書類などは従来通り、紙書類で保存することが必要だ。

▼法的証拠能力を求められる書類　商法では「商業帳簿および営業に関する重要書類」を10年間保存することを義務づけている（36条）。何らかの紛争が生じた場合、そうした書類が法的な証拠になるからだ。「重要書類」というのは、個々の紛争内容によって違ってくるが、例えば有価証券、担保書や許認可書などの証書類、株主総会や取締役会議の議事録、営業報告書など。場合によっては、信書や信書の控えなども証拠物件になり得る。

こうした書類が証拠能力を発揮するためには、その書類が間違いなく真実を伝えている証明が必要であり、それを認定する法律が整っていなければならないのだ。

▼書類の証拠能力　証拠能力について、もう少し説明を加えよう。書類が証拠能力を発揮するためには、次の三つの条件が必要だ。まず、①**書類内容が真実であること**。紙の書類の場合、後で手を加えれば一目瞭然。また特定の印鑑や署名などが必要なことから、勝手に書類をつくり変えることも不可能なので、書類が本物か偽物か、改ざんされたか否かは容易に判断できる。

次に、②書類をいつでも誰でも読めること。紙の書類の判読には、特別な道具や環境を要さない。いつでも誰にでも読める。そして、③書類を確実に保存すること。何百年も前の古文書を判読できるのだから、紙書類の保存は安定している。つまり紙書類には十分証拠能力があるわけだ。マイクロフィルムの場合も、条件付きで認められている。

▼電子署名による真実性の確保　一方電子ファイルの特徴を考えると、三つの条件を完全に満たすのは、まだ難しい。重要書類はやはり紙で保存すべきだ。ただし電子署名という技術によって、電子ファイルの証拠能力も徐々に認められてきている。

電子署名とは、電子ファイルを安全に通信するシステムで、送信者の電子ファイルの内容が改ざんされていないことを証明する。送信者は作成した電子ファイルのハッシュ値（ハッシュ関数を用いて求める値）を出し、そのハッシュ値を秘密鍵（所有者しか使えない）を用いて暗号化して（これが電子署名）、電子ファイルといっしょに送信する。

受信者は公開鍵（誰でも使える）を使って、電子署名のハッシュ値を復元。さらに電子ファイルのハッシュ値を求めて、電子署名のハッシュ値と比較する。ハッシュ値はファイル内容を少しでも変更すると大きく変わるので、署名と送られた電子ファイルのハッシュ値が同じなら、内容が改ざんされていないことを証明できるわけだ。

電子署名の法的証拠能力については、すでに平成13年に電子署名法が制定され、電子署名を認証する業者を指定するなど、整備が進められている。

8

取り出した書類を確実に元へ戻す

書類アドレスや視覚的な統一で「戻しやすさ」を工夫

この章では、収集した書類の「保管と処分（収集した書類のメンテナンス）」に焦点を当て、書類を新陳代謝させるシステムや長期保存について述べてきた。いわばファイリングの運用システムについて考えたわけだが、運用の現場で最も重要なことは「取り出した書類を元へ戻す」という、ごく単純なルールを徹底することにある。最後にこの点について確認しておこう。

▼戻しやすさと探しやすさ

「元へ戻す」ということは、次に「探しやすくする」ことに他ならない。ファイリングは書類のありかを案内するシステムだが、書類が所定の位置にあってこそ案内の意味がある。きちんと「元へ戻す」ことが、日常の「便利」を支えていることを、まずは意識しよう。

また、戻すには戻しても、戻す位置を間違えてしまっては困る。「元の場所」に戻っていなければ、次に探す人は立ち往生してしまう。確実に元へ戻すことが大切だ。

ファイリングの眼目である「書類の探しやすさ」は、実のところ「書類の戻しやすさ」によって支えられるといってもいい。「探しやすさ」と「戻しやすさ」は裏表の関係にあるわけだ。また、書類を取り出して、元へ戻すまでの間、「貸出中」の案内を出しておくと、書類の位置は常に明確になる。

▼書類戻しはアドレスで　ファイリングに限らず、システムがよく利用されて、長続きする条件は、そのシステムが無理のないものであること。「〜ねばならない」という戒めだけでは、なかなか徹底しないものだ。

書類を利用する場面を考えてみると、探している時は必要にかられているので、熱心に分類をたどるが、用がすむと、次のことに関心が移って、戻すことが面倒になる。だから「元へ戻す」手間の方が、探す手間よりもずっと楽であることが必要なのだ。

そこで便利なのが「書類のアドレス」だ。フォルダや書類ボックスのラベル、あるいは管理票などには、書類の収納場所を示すアドレスを記入するように、これまでの説明でも述べてきた。このアドレスは、書類を探すためではなく、むしろ元へ戻すために必要とされるものだ。書類を探す時には、目指す書類の内容から大分類、中分類、小分類とたどっていくが、戻す時にはアドレスに従って「どの部屋——どのキャビネット——その何段目」という具合に、内容分類など考えず、一足飛びにその場所へ戻せばよい。

あるいは名刺整理のカードなら、カードの定位置に「か」とか「さ」とか、戻すべき50音順を示しておくと間違いがない。新聞記事のスクラップなどでも、個々の記事にフォルダーの名称や番号を示しておけば、戻す時に迷わずにすむ。また、書類に「＊＊部」と部署名のゴム印を押しておけば、他部署へ持ち出されても紛れにくいはずだ。

▼視覚的な工夫　整理と整頓は、四字熟語のように一組にされることが多いが、「整頓」の方は「秩序立てて並べる」ことを意味している。秩序立てて並べることは、見た目に美しいだけでなく、分類の意味を視覚的に確認する働きがある。例えば、一連のファイルなら、バインダーやボックスの形状をそろえるとよい。グループごとに形状がそろっていれば、自分が戻そうとしている書類が、どの一群に属すかが自然にわかるだろう。

また、すべてのボックスやバインダーを同じ形状で統一している場合は、それだけでは区別がつかないので、グループごとに同色のカラーシールやテープを貼るとわかりやすい。

色別に識別する方法は、収集した書類の形状がまちまちで、ファイリング用品を統一できない場合にも有効だ。ボックスやケース、バインダーなど、さまざまなファイリング用品が並んでも、同じ色のテープが貼られていれば、一連の資料であることが理解できる。

この時、シールやテープを貼る位置を統一するとよい。例えば下から1センチの位置と決めれば、ファイルの形状はそろわなくても、テープやシールは一線に並ぶ。

さらに通し番号をふる方法もある。順番に並べたファイルに通し番号をふっておけば、どの資料が抜けているかすぐに気づく。ただし、頻繁に入れ替わる可能性がある場合は、通し番号が負担になるので、臨機応変に活用しよう。

▼貸出ガイド・留守番ガイド　書類の「貸出中」を示す方法として、例えばバーチカル・ファイリングなら、「貸出ガイド」（↓48頁）がある。「貸出ガイド」とは、貸出表を

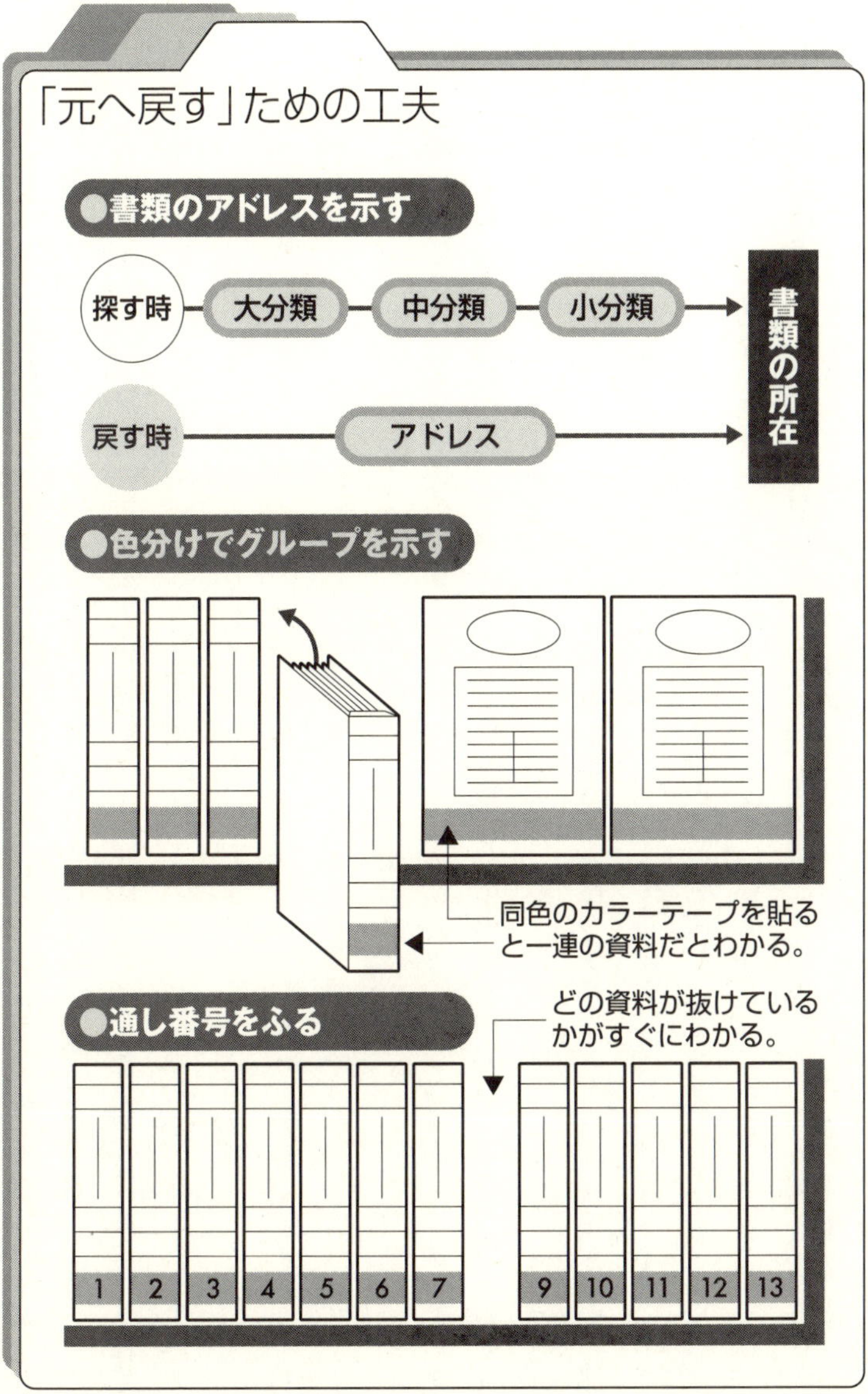
「元へ戻す」ための工夫
●書類のアドレスを示す
探す時
大分類
中分類
小分類
書類の所在
戻す時
アドレス
●色分けでグループを示す
同色のカラーテープを貼ると一連の資料だとわかる。
●通し番号をふる
どの資料が抜けているかがすぐにわかる。
1
2
3
4
5
6
7
9
10
11
12
13

貼ってあるガイドで、フォルダーを持ち出す人は、この表に「持ち出したフォルダ名」や自身の「部署名」「氏名」などを書きこんでおく。そして、フォルダーを返却したら、返却日を記入する。「貸出ガイド」の表を見れば、現在どのフォルダーが誰に貸し出されているかがわかるわけだ。もちろん、バーチカル・ファイリングに限らず、貸出表を置いて「貸出中」を管理する工夫はできるだろう。

あるいは、バインダーやボックスなどを抜き出して空いた場所に、留守番ガイド（貸出表と同様の内容を記入した札）を立てておく手もある。そのファイルの代わりに立てておく、いわば留守番のようなものだ。これなら一目で貸出中とわかる。

▼書類の共有と一元管理の問題

こうしたファイリングのルールの徹底は、特に書類を共有する場合に重要となる。そのため「ファイル管理の担当者を置いて、社内の書類を一元管理すべきだ」という意見もある。

とはいえ、書類ごとに特定の部署の利用が集中する場合が多く、そういう書類はその部署内に置く方が合理的だ。また、書類管理はその内容を理解して初めて適切に行えるものなので、書類の処分や保管は、その書類をあつかう部署の担当者が判断した方がよい。

だから全社的な書類管理の担当を置くにしても、管理の仕方には柔軟さが必要だ。例えば、各部署や書庫にある書類目録をデータベース化し、ＬＡＮを通じて検索できるようにして、このデータベースを常にアップデートする…という管理の仕方もある。

第5章

ファイリングの「情報分析」を仕事に活かす！

1 改めてファイリングの目的とは？

自己の能力を引き出す手段として

ファイリングのテクニックを一通り会得したところで、この章ではファイリングの活用について、肝心なところを引き出してみたい。まずは、ファイリングの目的について改めて確認しておこう。

▼ファイリングの目的　序章でも述べたように、ファイリングによって書類の山を片づけることで快適な空間をつくり出し、仕事を効率化することで時間的余裕を生み出す。しかしこうした環境改善は、いわばファイリングの効用であって、本来の目的ではない。

ファイリングの目的は、有用な情報を収集し、その情報を活用して仕事に活かすことにある。ファイリングした情報からアイデアを引き出すのはもちろん、さらにアイデアを企画に発展させたり、問題解決に活かす工夫を導き出したりする。こうして仕事の活力源となってこそ、ファイリングが本来の働きをしたといえる。

▼自己発見　ファイリングを「仕事の活力源」として使う例をあげると、身近なところでは「自己発見」がある。「今さら自分を発見するなんて…」と思うだろうか。それなら試しに問おう。あなたは今、何をしたいのか——。

ズバリ答えることができただろうか。目の前の仕事に追われつつ「もっと何か…」という漠然とした思いを抱えてはいるが、その実、何がしたいのか自分でもよくわかっていない。そうした現状が多いのではないだろうか。「何か」とか「いつか」と思うだけでは、結局は何もできない。

そう気づいたら、今この時から始めよう。何がしたいか考えて、思いつくままにメモをとる。カードでも、手帳でも、付せんでもいい。ポケットに入れておいて、思いついたら書く。街を歩いていて目にとまった物事、仲間との会話で興味を引かれた言葉を書きとめる。新聞や雑誌を読んで、これはと思った記事を切り抜く。そしてファイリングするのだ。ファイリングの要領はすでにわかっているはず。

気にかかる情報や、心に浮かぶ思いを、文字にして集めて分類して、また眺める。自分の内外の情報をファイリングという形に映して初めて、自分が見えてくる。何がしたいか、何ができるかがわかってくる。こうした認識こそがそもそもの出発点だ。

▼自分が発信源になる

自分というものが見えてくると、周囲の物事を評価する視点が定まる。すると例えば会議における議論でも、相手の意見を主体的に受け止められるし、自分の主張したいことも出てくる。常に胸中に「提案の素」を温めていれば、ふいに巡って来たチャンスを見逃すものではない。

つまり、組織の中で「自分自身が発信源になる」ということだ。今、社会が求めているのはそういう人材であり、それを実現するのがファイリングの本来の目的である。

2 ファイリングの情報分析を仕事に活かす

ファイリングを仕事に活かすコツ

収集した情報はさまざまな味わいをもった素材である。その情報を分類・整理するのがファイリングの役割だが、この作業はちょうど「料理の下ごしらえ」にたとえられる。

▼情報の分類と分析

「分類」が料理の下ごしらえなら、料理に当たるのは「分析」である。「分類」とはテーマごとにグループ化したり、順序立てて並べたりすることで、「分析」とは分類した情報内容から、傾向や要点を抽出したり、因果関係や相関関係を検討して、現実に役立てることだ。

だからファイリングにおける「分類」は、「分析」の出発点になるように構築するのがコツ。自分の興味を仕事に結びつける。そういうテーマの探り方が大切だ。

▼仕事に活かす視点

「仕事にどう結びつけるか」という焦点のしぼり方は、仕事自体をよく理解していなければできない。そのためにも自社の経営理念や中長期の経営計画、決算書や経営指標、業務成績などをファイリングに加えよう。目の前の状況を認識せずに、提案も企画も生まれない。また同業他社や異業種の経営にも関心をもつことだ。

さらに、日々の仕事での失敗や成功、気づいたことをメモすることで、身近なテーマを見つけることができる。

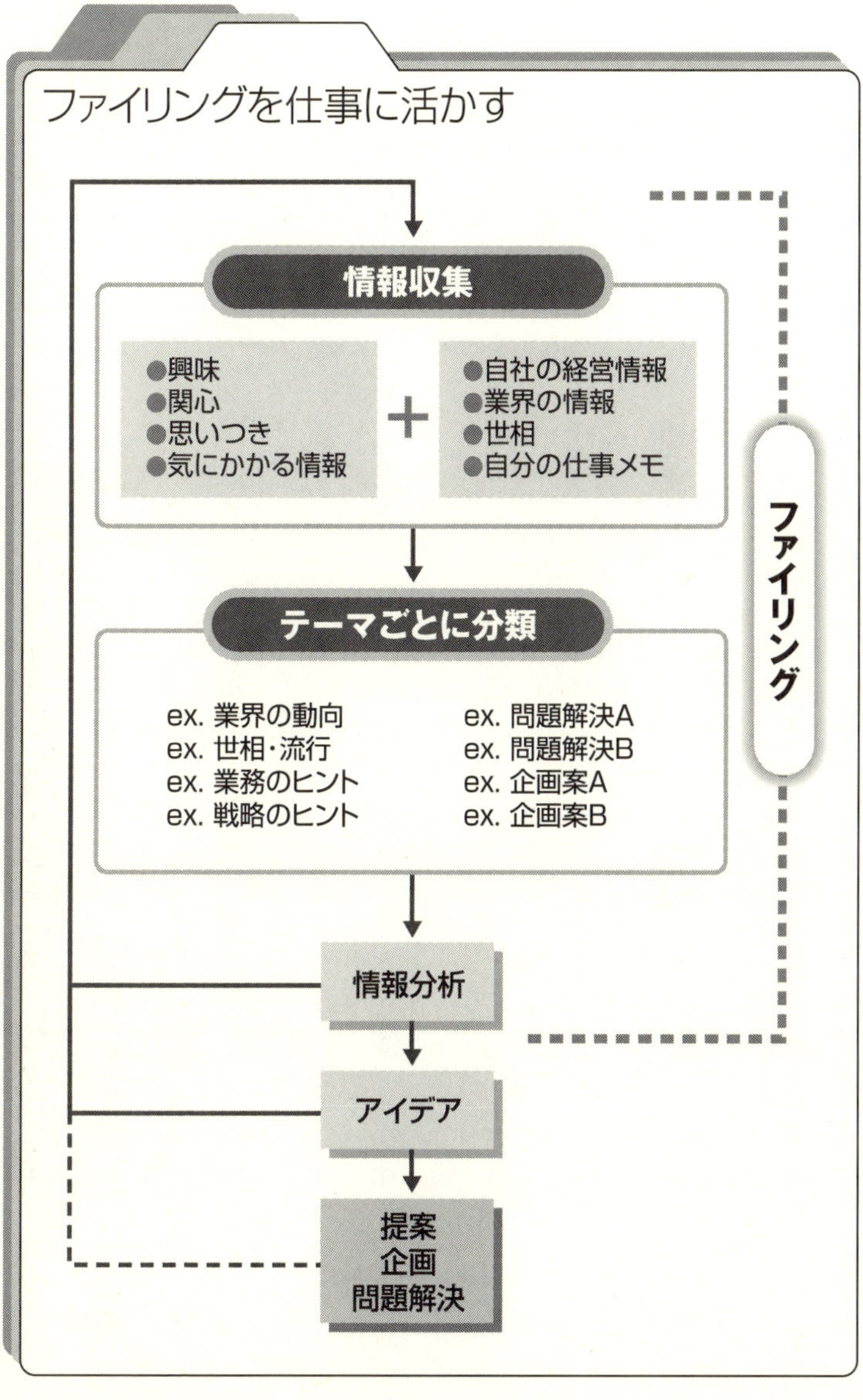
ファイリングを仕事に活かす
情報収集
●興味
●関心
●思いつき
●気にかかる情報
＋
●自社の経営情報
●業界の情報
●世相
●自分の仕事メモ
テーマごとに分類
ex. 業界の動向
ex. 世相・流行
ex. 業務のヒント
ex. 戦略のヒント
ex. 問題解決A
ex. 問題解決B
ex. 企画案A
ex. 企画案B
ファイリング
情報分析
アイデア
提案
企画
問題解決

3 斬新なアイデアはどこから生まれるか

知識をたくわえ常に考え続けることが大切

自分自身がアイデアの発信源になって仕事を創造する。そのためにファイリングをフル活用する――。この図式は飲みこめたと思う。しかし「斬新なアイデア」というものが、本当に自分の中から生まれてくるのだろうか。「半信半疑」を「確信」に変えるために、もう少し説明を加えよう。

▼アイデアが生まれる土壌づくり　創造的な仕事を指して「無から有を生み出す」などと言うことがある。そのアイデアの斬新さを強調する表現だが、実際の方法論として考えれば、この言い方は正しくない。いかに斬新なアイデアであっても、「無」から生み出されるということはあり得ない。すべては「有」から生まれる。

「有」とはすなわち「知識」や「情報」の蓄積である。見たことも、聞いたこともない斬新なアイデアとは、実は今まで見たり、聞いたりしたことの中から生まれるものなのだ。逆にいうと、知識や情報の蓄積状態が、アイデアの生産を左右する。いわばアイデアを生産する土壌といえる。

では、どうやって知識や情報を蓄積するか。もちろん読書や報道は基本的な知識の供給源だが、特にお勧めしたいのは人との交流だ。注意深く聞けば、職場での仲間や上司との話題にも、学ぶべきことがあるはず。さらに勉強会や異業種交流会など、機会をとらえて交際範囲を広げよう。読書や報道から得る情報は一方的だが、人との交流は双方向だ。新しい知識を得るだけでなく、自分の話に対する相手の反応を見ることもできる。

▼意識的に種を仕込む

「ふとアイデアがひらめく」ということがある。仕事とは全然関係のないことをしている時に、ふいに仕事のアイデアが浮かんだとか。「何かいい方法はないか」と考えている時にはさっぱりなのに、風呂に入ってリラックスしたら「そうだ！」と思いついたとか。

こういう話を聞くと、むしろ意識して考えない方がいいような気がしてくる。が、それは誤解だ。「何かいい方法は？」「いいアイデアは？」と考えるから、結果として「ふと思い浮かぶ」のであって、「考える」という種をまかずして「ひらめく」という芽は出ない。

▼無意識がアイデアを醸造する

アイデアというものは、考えたからといって必ずしもすぐに思いつくものではない。だから「何かいいアイデアは？」と、しばらく考えて思い浮かばなければ、いったん意識からは消える。

しかし実は無意識のうちに、相変わらず考え続けているのである。そのうち思い出してまた意識的に考えたり、無意識になったりしながら、脳裏には常にそのテーマが焼きついている。それで何かの拍子にひらめくわけだ。お釈迦様が夜明けの金星を見て悟りを開いたのも、ニュートンがリンゴの落下を見て万有引力を発見したのも同じこと。夜明けの金星も、リンゴの落下も、何も考えていない人が見れば、見たままの意味しかもたない。そこでアッとひらめいたのは、無意識下に続けられてきた「考え」が熟したからだ。

だから、ちょっと考えたくらいで、よいアイデアが生まれなくても、気に病む必要はない。むしろすぐには思いつかないのが普通なのだ。大切なのは、そのテーマをいつも頭の片隅において考え続けることだ。そして、無意識下でアイデアを醸造している間にも、新しい情報をどんどん加えて、アイデアの発酵を進めてやろう。

▼アイデアの大半は捨てられる

「アイデアがひらめく」こと自体は、実は特別な体験ではない。意識せずに暮らしているうちは、想像できないかもしれないが、常にテーマを考えることが身についてくると、アイデアは次々に浮かんでくるものだ。

とはいえ、そのつどメモしておいて後で見直せば、大半は取るに足らないもので、ほとんど捨てることになるだろう。アイデアは次々生まれるものなのだから、それでいい。

▼アイデアを鍛える

捨てずに残したアイデアは、さらに情報を集め、他のアイデアとも組み合わせて発展させてみる。アイデアの方向が定まると、資料も探しやすい。同じような発想はないか、裏付けやヒントにつながるものはないか、ネット情報も検索しながら知識を広げていく。また仲間や上司に話して、意見を聞くと参考になる。

この過程でもやはり消えていくアイデアが多いはず。ダメとわかれば、発想を変えて考え直せばよい。さまざまな方向から揺さぶり鍛えることで、斬新なアイデアが生まれる。

アイデアを生み育てる
情報・知識の蓄積
アイデア
アイデア
アイデア
アイデア
アイデア
アイデア
アイデアのファイリング
テーマ
アイデア
テーマ
アイデア
テーマ
アイデア
アイデアを揺さぶり・鍛える
企画構想
問題解決

4

アイデア生産システムとしてのファイリング

アイデアをつかまえる段階ではカードの活用が有効

常に頭の隅にテーマを置くことが普通になると、ふとひらめくことが多くなる。また目にしたこと、耳にしたことをしばしばメモしておきたくなるだろう。そんな日常をサポートする、アイデア生産システムとしてのファイリングを考えてみよう。

▼カードの活用　メモの取り方については3章でもふれたが、手帳やカード、付せんなどに加え、PDAなどのデジタル機器を使う手もある。PDAを使えば、パソコンへの入力も便利で、アイデアの整理は加速するかもしれない。

しかしアイデアのメモとしては、むしろカードやシステム手帳の方が向いているように思う。何しろひらめいたアイデアの大半は捨てることになるのである。カードといってもそれほど立派なものではなく、むしろ捨てても惜しくないカード状のメモ用紙といったものがよい。パソコンに入力するにしても、取捨選択の後にしてはいかがだろう。

また、メモ用紙は常にポケットに入れて持ち歩き、寝室やトイレ、風呂場の脱衣所など、生活空間にも置いておくとよい。ふとした思いつきは、むしろリラックスしている時の方が浮かぶので、意外に役立つものだ。

▼カードを並べる　アイデア用のメモとしてカードが便利なのは、グループ化や並べ替

えが自在にできることにもある。カードがたまってきたら、ファイリングの要領で、関連するアイデアのカードを集めてグループ化するとよい。グループごとにタイトルをつけると、テーマ別の分類になる。すでにテーマ別に分けてファイリングしている場合にも、たまったカードを机の上に並べて、さらにグループ分けしてみたり、グループごとに並べて一覧すると考えを整理しやすい。

アイデアをグループ化して眺めると、企画の構想が見えてくる。しぼりこむべき点や、確認したい点、欠けている点などが把握しやすいのだ。

情報の集計や分析はパソコンの得意分野だが、パソコンは十数インチのモニター画面におさまるだけのデータしか一覧することができない。カードならいくらでも目の前に並べられるし、並べ方も自在だ。だから、アイデアが生まれたり消えたりしている段階では、かえってカードの方が使い勝手がいいように思う。

▼録音メモの活用

試してみると意外に快適なのが、ボイスレコーダーに録音する方法だ。電車の中や歩いている時などには「鉛筆を取り出して書く」という動作が負担になる。「後で書こう」と思っていると、たいてい忘れるものだ。そんな時にボイスレコーダーは便利だ。特に営業などで外へ出ることが多い場合には、声のメモの方が楽だろう。

メモがわりの短い録音なら、聞き直す時間もそう長くはかからない。聞いてみて、残したいものだけをカードに書き取るか、あるいはパソコンに入力しておけばよい。

5 体験という情報の確かさ

目や耳だけでなく五感を働かせて受け取る情報

情報化社会と呼ばれる現在は、さまざまなマスメディアやインターネットなどから、多種多様な情報を得ることができる。しかしそうした情報は、いずれも頭で理解するものだ。

▼情報の質的バランス　もちろん頭で理解した情報が、知識の大部分を占めるのは当然だ。体験したことしか蓄積できなければ、個人の持ちうる知識はごく限られたものになる。マスメディアやインターネットから情報を収集するのは必要不可欠な活動だ。

その一方で「体験」という情報の大切さも忘れてはならない。例えばガイドブックやテレビ番組などで何度も目にした観光地には、すでに行ったことがあるような錯覚すら抱く。しかし実際にその地に立ってみると、やはり本物は違うと感じるはずだ。そこに住む人々との交流も含めた多角的な情報が、五感を通して豊かに流れこんでくるだろう。体験で得た情報には、確かな実感と多くの発見があるものだ。

また逆に、体験を充実させるためには、事前に知識や情報を頭に入れておくことが必要だ。ある時、京都へ旅行した人が「ほとんど見るところがなかった」と言うので驚いた。さらに聞いてみると「見どころは寺や神社ばかりで、一つ二つ回れば、もうあきあきする」ということだった。なるほど、歴史的背景や文化的価値などを、事前に頭に入れておかなければ、貴重な文化遺産も猫に小判。情報を享受する受け皿ができていない。

情報の摂取にもバランス感覚が必要だ。頭に情報を蓄えながら、積極的に体験をすること。そうすれば、アイデアを生み出す土壌である「知識の蓄積」もより豊かなものになる。

▼体験の蓄積　体験で蓄えた情報は、何よりオリジナリティがあるし、自分自身で確かめた真実味がある。そのため体験的情報は、アイデアを提案する場合にも強みになる。
例えば、コクヨのホームページに掲載されているレバーファイルの開発物語。担当者はまず、自分が小学生の時、レバーファイルにテストを綴じた時の体験を思い起こしている。綴じる時、金属レバーを引っかけるのに力が必要で指が痛かったり、外す時に急にレバーが上がったりして使いにくかったのだ。

この体験を出発点にして、軽くワンタッチで綴じられる金具の開発を始めている。目指すイメージはノック式のボールペン。軽く指先で押して芯の出し入れをする。あのスムーズな感覚に近づけようというわけだ。この目標もまた体験に根ざしているため、非常に具体的な実感がある。

担当者はさらに、インターネットで小学生にアンケートを取り、そのうち数人とは実際に会って話を聞いている。この調査で、自身の体験的な記憶が適切だったことを確信し、商品化を進めたのだ。こうした取材や調査も、体験的情報の一つといえる。

▼判断の指針となる　商品開発に限らず、仕事上のさまざまな判断に迷いはつきものだ。

情報分析や試行錯誤の中で「これでよいのか」と自問自答する時、体験的な情報が指針となる。それはあふれる情報を吟味したり、取捨選択する場合にもいえることだ。

例えば、最近の世論ですっかり批判の的となっている日本の終身雇用制度だが、キヤノンの御手洗冨士夫（みたらい・ふじお）社長は、世の風潮に反して「終身雇用制度を守る」と公言している（『大逆転―新しい日本モデルの挑戦』東洋経済新報社）。

もともと実力主義はキヤノンの伝統であり、競争は否定しない。その上で、終身雇用制は信頼関係や愛社精神を育て、社員教育の投資効果を着実に積み上げることができると評価する。

アメリカは人を入れ替えることによって企業力を高めるが、日本は人を育てることによって企業力を育てる。アメリカ流のグローバルスタンダードを模すのではなく、日本の社会に根ざした日本独自の特性を生かして、国際競争に勝つべきだ…と主張している。

御手洗氏のこの強い信念は、長くアメリカで仕事をした体験に基づいている。多額の費用と時間をかけて一から育てた社員が、やっと一人前になったかと思うと、しばしば他の企業に引き抜かれて去っていく。その時の絶望や無力感は忘れられないという。そうした体験が、経営者としての判断の指針になっているわけだ。

情報化社会においては、有用な情報を選択して、あふれる情報に振り回されないことが大切。そうした判断の場面においても、体験的情報は効力を発揮する。

情報収集のバランス

日常の情報収集

- ▶新聞、雑誌、書籍。
- ▶調査結果、報告書。
- ▶テレビ、ラジオ、映画、ビデオ。
- ▶インターネット。
- ▶他人から聞いた話。

⋮

過去の体験

- ▶幼い頃からの生活体験。
- ▶家族、友人との交流の記憶。
- ▶スポーツ、習い事、サークル活動。
- ▶旅行、観光。
- ▶冠婚葬祭、生老病死、喜怒哀楽。

⋮

仕事上の体験

- ▶日常業務、プロジェクト。
- ▶仕事上の失敗、成功、苦労、工夫。
- ▶社内交流、サークル、行事、研修。
- ▶社外交流、研究会、異業種交流。
- ▶イベント、展示会、見本市。

⋮

→

- ●漠然とした興味に応じた行動。
- ●その時々の必要に応じた行動。
- ●偶然の体験。
- ●印象的、感動的な記憶。
- ●悩み、判断に苦しんだ記憶。

↓

- ●知識の蓄積
- ●必要に応じて引き出される。
- ●アイデアを生む土壌。

取材・調査・視察

- ▶市場調査、企画、商品開発のため。
- ▶経営戦略、利益向上を図るため。
- ▶問題解決を図るため。

⋮

→

- ●仕事上の目的をはっきり定める。
- ●事前に関連情報を収集する。
- ●事前に求める情報をしぼりこむ。

↓

- ●直接仕事に活かす。
- ●仕事の成否を左右。

6 仕事の中でアイデアを提案する

ナレッジマネジメントは日本発

アイデアを構想したら、実際に提案して仕事に活かさなければ意味がない。企業としても社員からの積極的な提案を望んでいる。現在の厳しい経済状況の中で業績を伸ばしていくには、すべての社員が提案者になるような徹底した戦力化が不可欠なのだ。

▼ナレッジ・マネジメント（知識経営）　個々の社員が持っている知識（情報やノウハウも含めて）を、組織全体で共有する経営形態をいう。横文字で広まると、いかにも欧米で生まれた考え方のように思えるが、実は日本発の経営形態である。（『知識創造企業』野中郁次郎・竹内弘高　東洋経済新報社１９９６年）の英語版が世界的なナレッジ・マネジメントのブームを巻き起こしたのだ（『困ったときの情報整理』東谷暁　文春新書）。

そのブームが日本にも逆輸入されて広まった。が、そもそも現場の個々の社員の発見や認識を個人の中に留めず、伝達し合って、そのグループや部課、あるいは社内の共通認識として活かしてゆくといった組織のあり方は、日本の伝統的な経営形態だ。

▼現場の声を経営に反映させる　例えば、社員の自発的な小集団活動（ＱＣサークル）を通じて、現場の声を経営に反映させる制度は、日本では広まったが、欧米ではほとんど根づかなかった。その原因は経営形態の違いにある。

日本はもともと、日常業務を通じて現場や管理職から出てきた意見を経営に活かす「ボトムアップ経営」が主流だったが、欧米では経営陣の決定を徹底して現場に命令する「トップダウン経営」が行われてきた。だから、QC（クオリティ・コントロール）サークル活動のような、経営陣と社員との双方向的な関係はなじまなかったのだ。それだけに欧米では「知の共有」という考え方が新しかったのだろう。さらにLANなどのIT技術の進歩にからまって、社内の「知」を共有する考え方と手法が浸透した。

▼提案のチャンス

日本にはもともと現場の声を反映させる土壌がある上、すでにパソコンによる社内のネットワーク化も進んでいるので、大きな組織であっても「知の共有」は容易だ。積極的にアイデアの提案をしよう。

社内のネットワークを活用して、経営戦略の論文を募集したり、社内ベンチャーの企画を受けつける企業も少なくない。あるいは、社員が発信するアイデア提案のメールを、社長が直接受信する制度を設けている企業もある。またパソコンを通さなくても、部内のミーティングなどで、問題提起や提案を行うことは、日常的にできるはずだ。

部課内の気のおけない会議なら、例えばアイデアの構想が固まり切らない段階でも「こんなことを思いついたのだが、どうだろう」と、気軽に提案することもできるだろう。そこで賛同を得れば、本格的に企画化へ向けて話が進むかもしれないし、自分では思いつかなかった意見をもらえるかもしれない。

あるいは盲点を突かれて、アイデアを取り下げたり、方向転換を迫られることもあるだろう。批判をもらえるのは貴重なことなのだ。がっかりしたり、気を悪くしたりせず、「なるほど」と納得したら、ありがたく次のアイデアに活かすことだ。

▼日常業務の中でアイデア提案　企画や商品開発の提案などは、やはり該当部課によることが普通だろう。もちろん、どんな部課に所属しようと、思いついたなら提案すればよい。が、身近な業務に関わる提案の方が実際的だ。そこで、どんな部課にも関わる日常的な課題をあげてみよう。

①コスト削減　経理や総務など、直接営業に関わらない部課であっても、コスト削減は大きな課題だ。そのためには、まず業務の効率化。もう一つは仕事の質を向上させること。いずれも結果としてコスト削減につながる。

②顧客サービス　どんな職種であれ、物やサービスを売って利潤を上げている。顧客を満足させることで利益を獲得する。顧客サービスはすべての企業の命題だ。直接的な接客業務だけでなく、間接的にはすべての部課が顧客サービスに関わっている。それぞれの部課の立場で、顧客サービスのアイデアを提案できるはずだ。

③苦情への対応　顧客からの苦情は、そのまま具体的なアイデア提案のテーマになる。どうすれば苦情を解消できるのか。取材や調査なども含めて情報を収集して、問題解決のアイデアを提案しよう。

仕事にアイデアを提案する

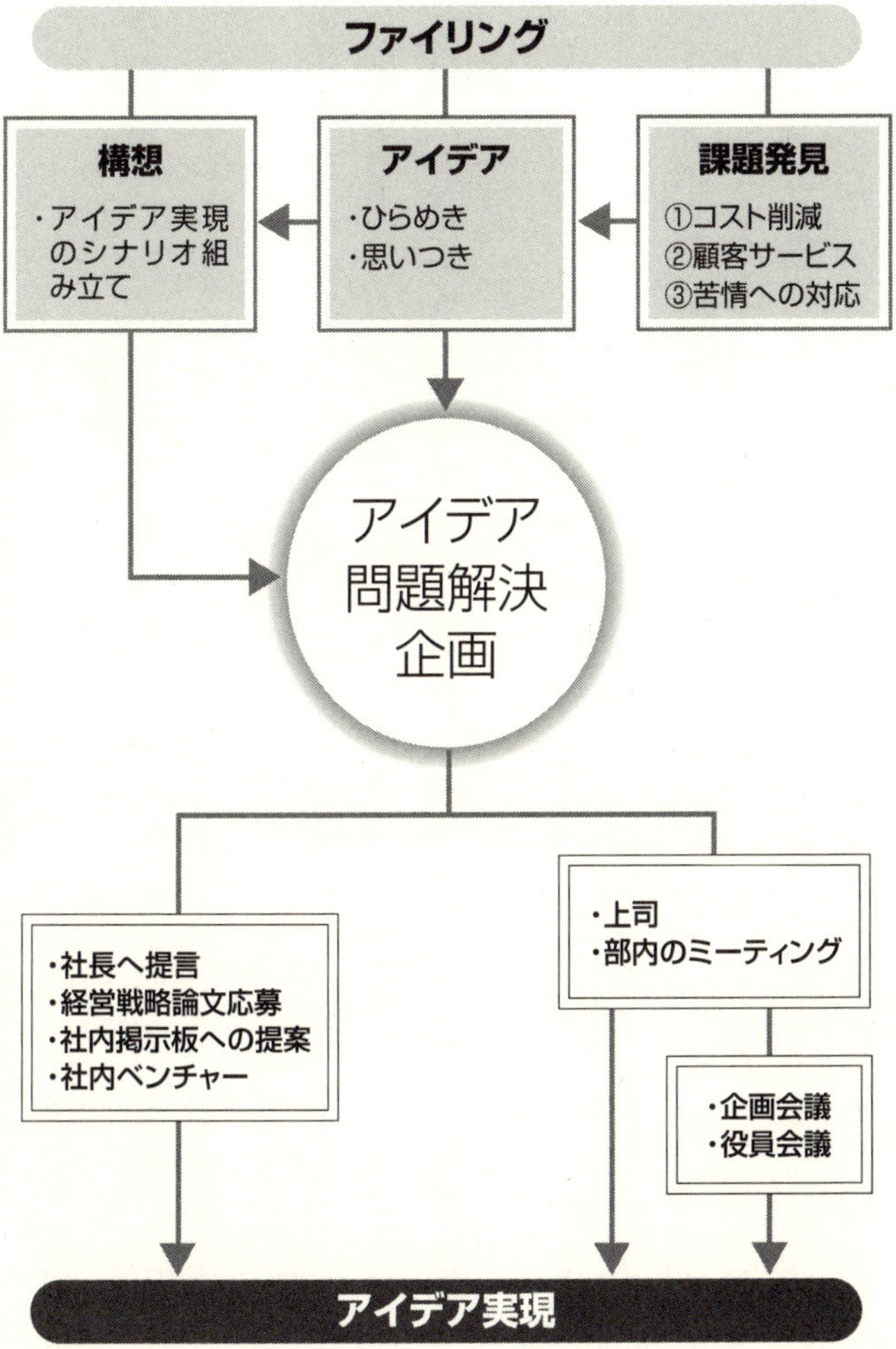

ファイリング
構想
・アイデア実現のシナリオ組み立て
アイデア
・ひらめき
・思いつき
課題発見
①コスト削減
②顧客サービス
③苦情への対応
アイデア
問題解決
企画
・社長へ提言
・経営戦略論文応募
・社内掲示板への提案
・社内ベンチャー
・上司
・部内のミーティング
・企画会議
・役員会議
アイデア実現

7 ファイリングを活かして企画を提案する

アイデア構想から企画書まで

企画の提案とは、新しい仕事をつくり出す出発点だ。ファイリングで育てたアイデアを、どうやって新しい仕事に発展させるのか。アイデアのひらめきから、企画提案にいたるプロセスを整理してみよう。

▼アイデアを企画にする　ふとひらめくアイデアのほとんどは断片的なもので、必ずしも現実的な発想とは限らない。後で見直せば、大半のアイデアは捨てることになるだろう。それでも「これは芽があるのでは…」と感じたら、関連する情報を集めて発想を展開させたり、実現性を探ったりしてみる。

この段階を前項（↓190頁）では「アイデアを鍛える」と書いたが、言いかえれば「構想を練る」ということだ。断片的なアイデアを発展させて、現実的に組み立てていこう。

例えば新商品のアイデアなら、すでに同様の商品が市販されていないか、類似商品にはどういうものがあるか、自社で商品化の可能性があるか、あるとすれば、誰が、どこで、どうやって開発するか、それは可能か、いつごろまでに商品化できるか、利益はどの程度見こめるか…など。さまざまな角度からアイデアを実現するシナリオを組み立てるわけだ。

ある程度構想が固まったら、企画線上に乗せていく。構想の段階で考えたことを担当部署に確認したり、取材や調査をしてニーズを予測したり、コストや利益を試算したりして、その企画には十分実現性があり、社会にも有益で、利益を上げることができる…という裏づけを探るのだ。それで説得力のある主張ができそうなら、企画書を書いてみる。

▼誰に対して提案するのか　文書を書く場合には、読んでもらう相手がいる。その相手が納得するように書くのが、上手な文書のコツだ。企画書を書くのも例外ではない。誰に提出する企画書なのか。同じ企画の提案でも、相手によって、説明の仕方や力点の置き方が違ってくる。

例えば、上司に対して提案するのであれば、自社や業界を取り巻く状況を踏まえて、その企画がいかに利益を生むかを、わかりやすく簡潔に書く。また課題やリスクなどがあれば、その解決案を盛りこみながら、正確に提示する。もし顧客に提案するのであれば、顧客の要望を満たしていて、しかも有利である点を明示しながら、比較的ていねいに書く。

企画書の目的は、その企画を採用してもらうことにある。企画内容を理解してもらうことはもちろん、それが「相手にとって魅力的」でなければならない。そのためには、読む相手の視線に合わせて書く配慮が必要だ。

▼企画書の書き方　企画書に書く項目は、企画内容や提出相手によっても違ってくるが、基本的なところをあげてみよう。

①題名　「〇〇に関する企画」など、企画のテーマを掲げる。題名を見ただけで、だい

たい企画内容がわかるように具体的な表現にする。主題だけではわかりにくい場合は、副題も添えるとよい。また顧客に提出する場合は特に、題名も魅力的にして、企画内容を読みたくなるように工夫する。

②日付　企画書を提出する年月日。

③提案者名　名前とともに、所属部課名や役職名などの肩書きも添える。

④企画意図　企画の動機や目的を示す。現状の分析を踏まえて「なぜ今、こういう提案をするのか」を簡潔に示し、企画に説得力をもたせる。もし相手からの依頼に応えた企画なら、その依頼を満足させていることを示す。

⑤企画内容　この部分が企画書の中心。何をどうするのか、読む人が正確に理解できるように、具体的な表現で書く。必要があれば図や写真などを用いて、視覚的な工夫をするとよりわかりやすくなる。

⑥有益性　企画を実現した場合の効果や利益などを、具体的に示す。

⑦実現性　誰が、どこで、どのように実行するのか。実行計画や予算、原価計算の試算などを提示して、実現可能な企画であることを説明する。また課題や問題点がある場合には、取り組み方や解決案とともに提示する。

⑧補足資料　企画の説明に、統計や論文、新聞雑誌の記事、同種の商品例、他社の状況などの資料を添えると説得力が高まる。量が多い場合は、企画書とは別に添付するとよい。

企画書の書式例

******企画

**年*月*日.
部**

1.企画意図
①*************************
**********。
②*************************
***(→補足資料1)。
②*************************
***(→補足資料2/

2.企画内容
①***********
**********。
②***********
****

▲試作品(補足資料3
③***********
**********。

3.商品化計画
①*************************
**********。
②*************************
***
③*************************
**********(→補足資料4/「**究所視察報告」)。

4.予算概要
①*************************
**********(→補足資料5/開発費用予算内訳)。
②*************************
**********。

5.売上げ利益試算
①*************************
**********。
②*************************。

6.補足資料
・資料1/**********(1頁)。
・資料2/********(3頁)。

・企画書の内容が多い場合には、表紙や目次をつける。
・特定の相手に提出する場合は宛名を書く。

実行計画や予算、利益の試算などを示し、企画の実現性や有益性を論証する。

8 ファイリングで自己の可能性を引き出そう

情報を味方につけるために

書類の山を片づければ快適な空間が確保され、仕事の効率が上がれば時間的余裕も生まれる。すでに述べてきたファイリングの効用だ。その結果、得られるものは何かというと「自己発見」に他ならない。

▼ファイリングによる自己発見

私たちは常に情報の洪水の中に身を置いている。自分に対する認識も、周囲の情報によって促され、支えられている。が、ふと気がつくと自己の存在が、情報の中に埋没してしまっている…ということはないだろうか。

ファイリングとは、そんな状況から自己を掘り出してくれるものなのだ。「自己発見」のためのファイリングはもちろん、空間や時間に余裕を確保することでも、自分を取り戻すことができる。情報に埋没した状況を抜け出して初めて、情報を活用できるのである。

▼情報の新陳代謝と知識の蓄積

ファイリングとは、一度整理してしまえば、それで終わりというものではない。新しい情報は次々に入ってくるし、同時に不要になった情報を「捨てる」ことが必要だ。また仕事の状況や、自分自身の興味も移り変わるのだから、その状況に合わせて、情報収集のアンテナの方向も修正していく。

「ゆく水の流れはたえずして…」と嘆じた鴨長明ではないが、情報も自己も時間とともに動いている。だからファイリングも常に新陳代謝させて、新鮮な情報を保つ必要がある。それこそが「今を生きる」ということだ。

また、不要になった情報を捨てたとしても、それが頭の中から完全に消え去るわけではない。一度飲みこんだ情報は、知識として記憶に蓄えられ、必要のない時には忘れていても、何かのきっかけで甦る。たとえ完全に思い出せなくても「あれは確か…」と探り直す糸口になる。たくさんの糸口が縦横に蓄えられて、アイデアを生む豊かな土壌をつくり出す。体験も含めて、この知識の蓄積が人間を豊かにするのだ。

▼ファイリングで情報を呼吸しよう

情報は玉石混交であふれている。常に取捨選択が必要だ。それを判断をするのは自分自身なのだから、ファイリングによる「自己発見」や「知識の蓄積」が、より適切な情報の選択を導く。よい循環を生むわけだ。

こうして収集した情報を本格的に仕事に活用できるようになれば、ファイリングは軌道に乗ったといえる。その中で育てたアイデアが企画として採用されて成功すれば、いよいよ理想的だ。が、続いてヒットを飛ばしたいと焦ればスランプに陥ることもあるし、「知識の蓄積」が慢心を呼ぶこともある。そんな時には改めて「自己発見」をしてみよう。

ファイリングは、常に情報を味方につけ、自分自身の可能性を引き出す情報循環装置だ。息を吸って吐くように、ファイリングを通して情報を呼吸しよう。よい関係を保てば、情報は常に自己の可能性を引き出してくれる活力源だ。

本田尚也（ほんだ・なおや）
1959年神奈川県生まれ。中堅流通小売店、食品会社勤務を経て独立。現在、SOHOコンサルタントとして活躍中。
著書に、『超高能率仕事術―「仕事力アップ」66の成功法則』『決定版 仕事のコツが身につく本』『図解 百戦百勝のメモ術・ノート術』のほか、『仕事は「段取り」次第で決まる』（小社刊）など多数ある。

【執筆協力】

堀江恵治（ほりえ・けいじ）

1978年、早稲田大学第一文学部卒業。出版社、新聞社で編集業に携わったのち独立。

著書に『管理者の基本 60の仕事術』（共著・小社刊）の他、手紙、スピーチ、ビジネス、一般常識の実用書など多数ある。

mail：horiesei@mars.plala.or.jp

仕事《しごと》は「ファイリング」で決《き》まる

2003年10月25日　　初版発行

著　者　　本　田　尚　也
発行者　　奥　沢　邦　成
発行所　　株式会社　ぱる出版

〒160-0003　東京都新宿区本塩町8番地
03(3353)2835―代表　03(3353)3679―編集
振替　東京 00100-3-131586
印刷・製本　中央精版印刷(株)

ISBN4-8272-0055-6 C0034